Knaur
MensSana

Über die Autorin:

Doris Muths ist Diplom-Mentaltrainerin, Kunsttherapeutin und Heilpraktikerin für Psychotherapie. In ihrer zehnjährigen Tätigkeit als Seminarleiterin hat sie die KREAMIND-Methode entwickelt. Doris Muths arbeitet in eigener Praxis in München.

Doris Muths

Mut zur Veränderung

So entdecken Sie Ihre inneren Kraftquellen

Knaur
MensSana

Hinweis

Die Imaginationsübungen und Phantasiereisen, die Ihnen in diesem Buch vorgestellt werden, ersetzen keine Therapie und sollten nur bei psychischer Gesundheit durchgeführt werden.

Besuchen Sie uns im Internet: www.droemer-knaur.de
Alle Titel aus dem Bereich MensSana finden Sie im Internet unter
www.knaur-mens-sana.de

Originalausgabe April 2009

Ein Unternehmen der Droemerschen Verlagsanstalt
Th. Knaur Nachf. GmbH & Co. KG, München

Redaktion: Ralf Lay
Umschlaggestaltung: ZERO Werbeagentur, München
Umschlagabbildung: mauritius images
Satz: Adobe InDesign im Verlag
Druck und Bindung: Norhaven A/S
Printed in Denmark
ISBN 978-3-426-87408-0

2 4 5 3 1

Inhalt

ÜBUNG ZU BEGINN

Stellen Sie sich vor einen Spiegel, oder nehmen Sie einen Spiegel zur Hand, und betrachten Sie Ihr Spiegelbild für zirka drei Minuten.
Lesen Sie bitte erst danach auf der nächsten Seite weiter.

Einleitung

Soeben haben Sie dem Menschen in die Augen gesehen, der allein verantwortlich ist für Ihr Leben. Es hängt entscheidend von Ihnen und Ihrer Einstellung ab, in welche Richtung sich Ihr Leben zum Positiven verändert.
Wenn Sie dieses Buch in Händen halten, haben Sie bereits den ersten Schritt getan, Ihr Leben bewusst zu gestalten. Denn meine Absicht ist es, Ihnen mit den hier beschriebenen Übungen kreative Wege aufzuzeigen, durch die Sie

M*ut,*
U*nterstützung,*
T*atkraft,*
H*offnung* und
S*elbstvertrauen*

erlangen, damit Sie die Veränderungen in Angriff nehmen, durch die Sie an Lebensqualität gewinnen. Dazu zählt auch der leichtere Umgang mit Veränderungen, die unerwünscht von außen auf Sie zukommen. Außerdem möchte ich Sie dazu anregen, bewusster wahrzunehmen, liebevoller mit sich umzugehen und mehr auf Ihre persönlichen Bedürfnisse zu achten.

Ich hoffe, dass mein Funke auf Sie überspringt und Sie nicht nur den *Mut* zur Veränderung, sondern auch die *Lust* darauf verspüren.

Mittlerweile bin ich 57 Jahre alt, und ich kann sagen, dass mein bisheriges Leben sicher nur halb so interessant und lebenswert gewesen wäre, hätte ich nicht immer wieder neue Ziele verfolgt, die zur Erfüllung meiner Herzenswünsche geführt haben. Was mir dabei bestimmt schon seit meiner Jugendzeit geholfen hat, waren meine Neugierde und Begeisterungsfähigkeit, mein Wille und meine Ausdauer sowie eine Prise Ehrgeiz, die mich antrieben, meine Phantasien Wirklichkeit werden zu lassen.

Wenn ich mir etwas in den Kopf gesetzt hatte, dann wollte ich es auch unbedingt erreichen. Widerstände von außen haben bei mir immer eine Art Alarm ausgelöst, der mich anspornte nach dem Motto: »Jetzt erst recht!« Ich begann dann, alle verfügbaren Energien zu bündeln und für meine Ideen einzusetzen – was mir allerdings schon in jungen Jahren den Ruf einbrachte, immer »mit dem Kopf durch die Wand gehen« zu wollen.

Mit wachsender Lebenserfahrung hat sich allerdings meine Vorgehensweise stark verändert. Anstatt »mit dem Kopf durch die Wand gehen zu wollen«, suche ich mittlerweile nach dem passenden »Schlüssel«, um die Türen zu meinen Vorhaben zu öffnen. Es gibt kein Schema F, also keinen »Generalschlüssel«, jedoch einen ganzen Bund mit den verschiedensten Varianten. Manchmal greife ich dabei gleich intuitiv zum richtigen Schlüssel, ein andermal gilt es, mehrere auszuprobieren, um den passenden zu finden. Es kann auch notwendig werden, neue Schlüssel zu schmieden, um neuen Erfahrungen Einlass zu gewähren.

Und dann gibt es auch noch Türen, die sich von selbst öffnen. Das ist in der Regel ein Hinweis darauf, dass man sich auf dem richtigen Weg befindet.
Stellen Sie sich vor, dass Sie mit jeder Übung in diesem Buch, die Sie persönlich ein Stück weitergebracht hat, einen Schlüssel bekommen haben.
Am Ende halten Sie dann Ihren ganz persönlichen Schlüsselbund in Händen, mit dem Sie sowohl die Tür zu Ihren inneren Schätzen als auch die Türen zum Erreichen Ihrer Wünsche und Ziele öffnen können. Das Besondere daran ist, dass jeder Bund – so wie jeder Mensch – einzigartig ist: Es liegt mir daran, dass Sie sich Ihrer Einzigartigkeit bewusst werden.
Ein Schlüssel wird Ihnen leichter zufallen, einen anderen müssen Sie sich vielleicht etwas mühsamer erarbeiten. Wer weiß, vielleicht tragen Sie manch einen auch schon in Ihrer Tasche, ohne sich dessen bewusst zu sein?

Dieses Buch basiert auf den Erfahrungen meiner mehr als zehnjährigen Beratungstätigkeit und Arbeit in Seminaren. Es ist als praktische Hilfe für den Alltag gedacht, weswegen ich mich darauf konzentriert habe, Ihnen statt wissenschaftlicher Ausführungen gutverständliche Anleitungen zu den einzelnen Übungen zu geben. So können Sie schon bald von der Methode profitieren.
Daneben finden Sie immer wieder Beispiele von Klienten und Teilnehmern, die damit Erfolge erzielt haben. Die Methode ist keineswegs auf einen bestimmten Personenkreis beschränkt, sondern eignet sich für Männer wie Frauen, Junge und Alte sowie alle Berufsgruppen.

Und nun wünsche ich Ihnen viel Spaß dabei, die vielseitige Verwendbarkeit und den großen Nutzen der hier vorgestellten Maßnahmen auch in Ihrem Leben zu entdecken.

Die KREAMIND-Methode

Ursprünge

Doch lassen Sie mich zunächst ein wenig zur Entstehung der KREAMIND-Methode vorausschicken.
Schon mein Ausbildungsweg hat ihre wesentlichen Themen vorgezeichnet. Als Diplom-Mentaltrainerin, Kunsttherapeutin und Heilpraktikerin für Psychotherapie habe ich die berufliche Grundlage geschaffen, um mit meiner Arbeit Kreativität wecken und mit Bewusstseinsprozessen verbinden zu können. So finden sich diese beiden Aspekte auch in dem Begriff »KREAMIND«:

- Der Wortteil »KREA« steht für Kreativität und Schöpferkraft.
- Der Wortteil »MIND« steht für Verstand und Denkweise.

Im Laufe der Jahre hat sich diese Methode aus meiner Arbeit heraus entwickelt. Sie stellt eine Kombination von Entspannung, inneren Bildern, Malen und Gestalten sowie dem bewussten geistigen Reflektieren dar. Ergänzend werden auch Körper- und Naturerfahrungen mit einbezogen.

Es hat sich für mich herauskristallisiert, dass sich diese Methode besonders gut für Veränderungsprozesse jeglicher Art eignet, da sie weit mehr zum praktischen Handeln anregt als das reine Gespräch. Sie wirkt hauptsächlich durch die Kombination von Wort und Bild. Durch die Verknüpfung dieser beiden Elemente wird das Zusammenspiel von linker und rechter Gehirnhälfte erreicht. Durch die ausgeglichene Aktivierung beider Hemisphären und die damit einhergehende ganzheitliche Förderung all ihrer spezifischen Funktionen können die Potenziale des Menschen optimal zur Entfaltung gebracht werden.

Die rechte Gehirnhälfte beheimatet Intuition, räumliches Bewusstsein, bildhafte Vorstellungen, das Unbewusste und stellt Zusammenhänge her. Sie beeinflusst die linke Körperseite.

Die linke Gehirnhälfte steuert analytisches und rationales Denken, Sprache, Zeitorientierung und Bewusstsein. Sie beeinflusst die rechte Körperseite.

Es besteht also eine Zweiteilung in Unbewusstes und Bewusstes, in imaginäres und reales Bewusstsein.

Da das Imaginäre in unserer heutigen Zeit eine eher nachgeordnete Rolle spielt, habe ich diesem Bereich mehr Aufmerksamkeit gewidmet. Es ist das Potenzial, das Sie zu Ihren inneren Kraftquellen zu führen vermag und Ihnen dadurch völlig neue Perspektiven eröffnet. Denn wie auch Einstein sagte: »Imagination ist stärker als Wissen.«

Was ist KREAMIND?

KREAMIND ist eine Methode, die Ihr schöpferisches Potenzial weckt und Ihrem Geist neue Impulse verleiht, die durch die Verbindung von rechter und linker Gehirnhälfte ganzheitliche Erfahrungen ermöglicht, die Ihre Intuition fördert und Sie mit Ihren Kraftquellen in Verbindung bringt. Sie hilft Ihnen, mit schwierigen Lebenssituationen umzugehen und positive Sichtweisen zu entwickeln. Sie lässt Sie Ihre Talente und Fähigkeiten erkennen und unterstützt Sie dabei, Ihre Ziele zu erreichen. Es ist eine Methode, die Ihnen zu mehr Gelassenheit verhilft und mit der Sie an Lebensfreude gewinnen.
KREAMIND besteht aus folgenden Elementen:

- Entspannung und/oder Meditation,
- inneren Bildern,
- kreativem Ausdruck,
- Bewusstseinsprozessen,
- körperlichem Ausdruck sowie
- Naturerlebnissen und -ritualen.

Die Wirkung von KREAMIND

KREAMIND bewirkt eine Stärkung auf körperlicher, geistiger und seelischer Ebene.
Auf der körperlichen Ebene geht es um Entspannung, den

Abbau und die Vorbeugung von Stress und den damit verbundenen Symptomen, die Stärkung der Abwehrkräfte und die Steigerung der Lebensenergie.
Auf der geistigen Ebene geht es um das Entdecken von Ressourcen, die Stärkung des Selbstbewusstseins, eine Neuorientierung, die Entwicklung neuer Blickwinkel und Sichtweisen, das Erkennen neuer Lösungsansätze und eine wachsende Motivation.
Auf der seelischen Ebene geht es um das innere Gleichgewicht, das Vertrauen in die eigenen Stärken, gesteigerte Lebensfreude sowie den Mut zum Loslassen und Handeln.

Anwendungsbereiche

Die Methode zeichnet sich durch ein breitgefächertes Wirkungsspektrum aus.
Sie kann für den privaten wie auch für den beruflichen Bereich eingesetzt werden und hilft Ihnen in den unterschiedlichsten Lebenslagen, in denen es um Veränderungen und um das Erreichen von Zielen geht.
Sie kann Sie unterstützen, wenn unvorhergesehene Ereignisse wie zum Beispiel die Kündigung der Arbeitsstelle, der Wohnung oder das Verlassenwerden durch den Partner oder die Partnerin Sie aus der Bahn zu werfen drohen. Ebenso macht sie Ihnen Mut, wenn Sie vor einer wichtigen Prüfung oder einem Bewerbungsgespräch stehen.
Zudem fordert sie Sie nach dem »Lust-statt-Frust-Prinzip«

dazu auf, nach attraktiven Zielen zu suchen, die Ihrem Leben mehr Sinn und Freude verleihen.
Für die unterschiedlichen Einsatzmöglichkeiten gibt es jeweils spezielle Anleitungen zur Auswahl. Dabei ist allerdings auch zu beachten, dass zum Erreichen eines Ziels mehrere Varianten von Bedeutung sein können. Sie entscheiden, welcher Prozess Ihnen zunächst vorrangig erscheint. Was es in jedem Fall als Erstes zu beantworten gilt, sind folgende Fragen:
»Wo stehe ich?«
»Wonach strebe ich?«
»Wie erreiche ich mein Ziel?«

Diese drei Kernfragen bilden den Hintergrund für KREAMIND. Die Antwort auf »Wo stehe ich?« ist die Ausgangsbasis zu einer Lebenssituation. Die Antwort auf »Wonach strebe ich?« bezeichnet das Ziel. Es wird zunächst als Vision ergründet und als Bild oder Collage dargestellt und mit einer Affirmation bekräftigt. »Wie erreiche ich mein Ziel« wird durch die anschließend beschriebenen Prozesse deutlich, aus denen Sie den jeweils passenden für sich aussuchen können. Folgende Varianten stehen Ihnen zur Verfügung.
Der erste KREAMIND-Prozess zum Erforschen Ihrer Wünsche und zur Zielfindung ist besonders gut für den Einstieg geeignet. Mit ihm können Sie am besten herausfinden, was es zu verändern gilt und welches Ziel Priorität für Sie hat. Es lohnt sich, die Wunschermittlung jedes Jahr durchzuführen und mit dem Gestalten einer Zielcollage zu verbinden. Die Collage, die Ihnen das Erreichen Ihrer Ziele vor Augen führt, wird Sie wie ein roter Faden durch das Jahr begleiten und immer wieder aufs Neue motivieren.

Der zweite KREAMIND-Prozess zum Erreichen Ihres Ziels ist der wichtigste aller KREAMIND-Prozesse. Er ist für alle Lebensbereiche anwendbar. Durch ihn werden Sie angeregt, alles aufzuspüren, was Sie zum Erreichen Ihres Ziels benötigen, und es wie ein Mosaik zu einem Gesamtbild zusammenzufügen. Sie erhalten eine Anleitung zum Gestalten Ihres inneren Kraftbaums, lernen Ihre Kraftquellen und Stärken kennen und erfahren, wie Sie sich selbst motivieren.
Der dritte KREAMIND-Prozess zum Bestehen von Prüfungen und prüfungsähnlichen Situationen wie zum Beispiel Bewerbungsgesprächen hilft Ihnen, Prüfungsängste und die damit verbundenen Symptome abzubauen und das Vertrauen in Ihr Wissen und Ihre Fähigkeiten zu stärken.
Der vierte KREAMIND-Prozess zur Veränderung von Verhaltens- und Sichtweisen macht deutlich, wie wichtig es ist, sich neu zu orientieren, um nicht immer wieder in dieselben Löcher zu fallen. Er zeigt, wie anhand gemalter Bilder neue Lösungswege entdeckt werden können.
Der fünfte KREAMIND-Prozess zur Stärkung Ihres Selbstvertrauens bringt Sie mit Ihrem inneren Kraftplatz und Ihrem inneren Krafttier in Kontakt. Der innere Kraftplatz verleiht Ihnen Standfestigkeit, und das innere Krafttier bringt Sie mit stärkenden Eigenschaften in Berührung.
Der sechste KREAMIND-Prozess für Gesundheit und inneres Gleichgewicht zeigt, wie Sie durch einen achtsamen Umgang mit sich selbst ein gesünderes Leben führen können und wie wichtig richtiges Atmen in Stresssituationen ist. Eine Imaginationsübung, bei der Sie Liebe und Dankbarkeit in alle Teile Ihres Körpers senden, trägt dazu bei, ein inneres Harmoniegefühl zu entwickeln.

Der siebte KREAMIND-Prozess zum Loslassen unterstützt Sie, sich von negativen Gedankenmustern und einengenden Verhaltensweisen, die Sie am »Weitergehen« hindern, zu befreien und neue positive Sicht- und Verhaltensweisen zu entwickeln.

Die Vorgehensweise

Bevor Sie sich einem Veränderungsprozess zuwenden, sollten Sie sich zunächst mit den im folgenden Kapitel beschriebenen sieben Schlüsseln zu Ihren inneren Kraftquellen vertraut machen.
Stellen Sie sich eine Wanderung zu einem Berggipfel vor. Wenn Sie eine Bergtour planen, ist es wichtig, für die richtige Ausrüstung zu sorgen. Sie benötigen festes Schuhwerk, wetterfeste Kleidung, ein Erste-Hilfe-Set, Proviant und eine Wanderkarte, die Ihnen den Weg weist. Eventuell sind auch Hilfsmittel wie Wanderstöcke oder Seil und Haken erforderlich, um schwierige Passagen zu überwinden.
Wenn Ihnen ein wichtiger Teil fehlt, zum Beispiel die richtigen Schuhe, ist ein erfolgreicher Aufstieg gar nicht oder nur mit Schwierigkeiten möglich. Auch Pausen sind von großer Bedeutung. Insbesondere wenn es sich um einen längeren Aufstieg handelt, ist es wichtig, dass Sie sich Ihre Kräfte einteilen und sich unterwegs mit Proviant stärken. Bedingt durch die Wetterlage kann es aus Sicherheitsgründen notwendig werden, den Aufstieg kurzfristig abzubrechen und die Tour bei günstigeren Bedingungen noch einmal zu ge-

hen. Es kann ebenso vorkommen, dass Ihnen ein Hindernis den Weg versperrt und Sie sich eine Alternativroute suchen müssen.

Ähnlich wie bei einem Hindernis, das den Weg zum Gipfel versperrt, kann es auch notwendig werden, eine andere Vorgehensweise zu erproben, um das gewünschte Ziel zu erreichen. Nicht immer ist der erste Weg derjenige, der direkt zum Ziel führt, aber jeder Weg bietet Ihnen neue Erfahrungen und Erkenntnisse, aus denen Sie lernen können.

Auch wenn das Erreichen des Gipfels das Highlight Ihrer Wanderung darstellt, so hat doch jede Passage ihren ganz besonderen Reiz. Auch unterwegs gibt es schon schöne Ausblicke, auf die Sie nicht verzichten sollten. Vergessen Sie also nicht, sich an den kleinen Erfolgen zwischendurch zu erfreuen und sich für das bereits Erreichte zu loben: Mit jedem Schritt, der Sie Ihrem Ziel näherbringt, wächst auch Ihre Motivation.

Vor allem wenn die Arbeit mit inneren Bildern und kreativem Ausdruck noch neu für Sie ist, empfehle ich Ihnen, langsam und Schritt für Schritt in die Materie einzusteigen. Für alle Phantasiereisen und Imaginationen habe ich die Du-Form als Ansprache gewählt, weil Sie dadurch einen besseren Zugang zu Ihrer inneren Bilderwelt erhalten. Die Bilder, die dabei aus Ihrem Inneren auftauchen, wirken meistens lange nach. Manchmal kommen Ihnen noch einige Tage später wichtige Gedanken dazu. Das ist auch der Grund, weswegen man nicht zu schnell vorgehen sollte. Es könnte nämlich passieren, dass Sie wichtige Erkenntnisse durch das Überdecken mit neuen Erlebnissen verhindern.

Die angebotenen Übungen bieten Ihnen die Möglichkeit, in jeglicher Hinsicht kreativ zu werden. Durch neue Ideen und Methoden eröffnen sich Ihnen neue Sichtweisen und Lösungsansätze. Durch die verschiedenen Übungen erhalten Sie eine Basis, auf der Sie jederzeit mit Ihren eigenen Ideen aufbauen können.

Die sieben Schlüssel zu Ihren inneren Kraftquellen

Die Schlüssel dienen als Vorbereitung für die einzelnen Veränderungsprozesse. Sie bieten Ihnen aber bereits durch die praktischen Übungen, die darin vorgestellt werden, erste Ansätze zu Veränderungen, und sei es nur, dass Sie beginnen, bewusster wahrzunehmen und nachzuspüren, was Ihnen guttut und was nicht.

Der erste Schlüssel zu innerer Ruhe und Gelassenheit bietet Ihnen eine Auswahl an leicht erlernbaren Atem-, Entspannungs- und Meditationsübungen. Sie bilden eine gute Voraussetzung, um sich auf die Kraft innerer Bilder einzulassen.

Der zweite Schlüssel zur inneren Bilderwelt vermittelt Ihnen durch die Einstiegsübung »Die innere Blume« erste Erfahrungen, wie Sie mit inneren Bildern neue Erkenntnisse über sich gewinnen, und zeigt Ihnen, wie Sie Ihre bildliche Vorstellungskraft zum Erreichen Ihrer Ziele einsetzen können.

Der dritte Schlüssel zum kreativen Ausdruck in Form von Malen und Collagen bietet Ihnen die Möglichkeit, sowohl innere Bilder in äußere zu verwandeln als auch durch Verwandlung von Bildern neue Wege zu finden.

Der vierte Schlüssel zu Bewusstseinsprozessen dient dazu,

Ihre eigentlichen Ziele zu erkennen. Er zeigt Ihnen, wie Sie durch das Reflektieren über innere und äußere Bilder neue Stärken an sich entdecken und wie Sie Ihre innere Einstellung in eine positive Richtung lenken können. Zudem verhilft er Ihnen dazu, die nötigen Schritte für das Erreichen Ihres Ziels zu planen.

Der fünfte Schlüssel zu Körpererfahrungen fordert Sie dazu auf, aktiv zu werden und in Bewegung zu kommen. Zudem zeigt er Ihnen, wie Sie Ihre sinnliche Wahrnehmungs- beziehungsweise Ausdruckskraft gezielt einsetzen können.

Der sechste Schlüssel zu Naturerfahrungen vermittelt Ihnen, wie Sie über die Natur zu neuen Erkenntnissen gelangen und wie Sie durch kleine Rituale in einer natürlichen Umgebung Ihren jeweiligen Veränderungsprozess unterstützen.

Der siebte Schlüssel zur Welt der Symbole bietet Ihnen Einblicke, welche Kraft von Farben und Formen ausgeht und wie Sie damit Ihre gewünschte Veränderung positiv beeinflussen können.

Als praktische Vorbereitung zu den sieben Schlüsseln lesen Sie am besten jeweils den vollständigen Text, bevor Sie mit den dazugehörigen Übungen beginnen. Besorgen Sie sich das nötige Material, das jeweils angegeben ist. Zum Malen rate ich Ihnen, sich gleich eine größere Anzahl von Papierbogen in der Größe 50 mal 70 Zentimeter zu kaufen. Diese können Sie dann auf das Maß zurechtschneiden, das zu den einzelnen Übungen benötigt wird.

Kaufen Sie sich ein leeres Buch, das ich nachfolgend als »Schatzbuch« bezeichne, in das Sie alle wichtigen Erfahrungen schreiben. Darüber hinaus legen Sie sich einen DIN-A4-

Ordner zu (»Zielordner«), in dem Sie Ihre Ziele und die zum Erreichen nötigen Aktivitäten notieren.
Sprechen Sie sich die Imaginationsübungen am besten auf einen Tonträger oder vereinbaren Sie einen Termin mit jemandem, der Ihnen die Übungen vorliest.
Sorgen Sie dafür, dass Sie für die Dauer der Übungen ungestört sind.

1. Der Schlüssel zu innerer Ruhe und Gelassenheit

Atem-, Entspannungs- oder Meditationsübungen tragen dazu bei, zur Ruhe zu kommen und sich auf sich selbst zu konzentrieren. Chronischer Stress verhindert Kreativität und schöpferisches Tätigsein. Nur wenn Sie sich innerlich ruhig und gelassen fühlen, öffnet sich der Zugang zu Ihren inneren Kraftquellen.
Leider habe ich die Erfahrung gemacht, dass die Entspannung bei immer mehr Menschen aus Zeitgründen »gestrichen« wird. Selbst Schulkinder unterliegen schon ihrem Freizeitstress. Wenn es darum geht, dass sich das Kind Fachwissen in irgendeiner Form aneignen kann, dann steht das für viele Eltern an erster Stelle. Dass die Fähigkeit, sich zu entspannen, ein ebenso wichtiger Faktor sowohl zum Lernen als auch für Prüfungen ist, wird oft unterschätzt.
Ich habe in den letzten zwei Jahrzehnten die verschiedensten Arten von Atem- und Entspannungstechniken kennengelernt.

Die Methoden, die mir am wirkungsvollsten erschienen, habe ich durch Seminare und Ausbildungen weiter vertieft.
Dazu gehören Zen-Meditation, geführte Atemübungen, autogenes Training, Qi Gong, die Fünf Tibeter und meditative Kreistänze. Dabei hat sich gezeigt, dass der gewünschte Erfolg nur durch regelmäßige Praxis erzielt werden kann. Das wiederum hatte für mich zur Folge, dass das Üben einfach und effektiv sein musste, um es in meinen Tagesablauf integrieren zu können.

Die richtige Art von Entspannung für sich zu finden ist der wichtigste Schlüssel. Dem Entspannungsteil habe ich also verhältnismäßig viel Raum gegeben, da ich darin die Basis jeglicher Veränderung sehe. Die Zeit, die Sie dafür investieren, wird sich auf alle Fälle für Sie lohnen. Ich habe auch bewusst mehrere Varianten von Atem- und Entspannungsübungen beschrieben, damit Sie erproben können, was Ihnen am meisten liegt und was Sie ohne große Schwierigkeiten in Ihren Tagesablauf integrieren können.
Zu Anfang erfordert das tägliche Üben Disziplin von Ihnen. Wenn Sie jedoch nach einiger Zeit spüren, wie Sie dadurch innerlich gestärkt in den Tag gehen oder sich auch tagsüber regenerieren können, dann werden Sie die Freude empfinden können, die dabei entsteht.
Falls Sie bereits regelmäßig eine bestimmte Art von Entspannungsübung durchführen, können Sie diese natürlich beibehalten.
Mit dem Schlüssel zur Entspannung gelingt es Ihnen nach dem Motto »Aus der Ruhe kommt die Kraft«, das Haupttor zu öffnen, das Sie zunächst in einen leeren Raum führt. Von da

aus gibt es eine Vielzahl weiterer Türen. Sie entscheiden dann, zu welchem Raum sie sich am meisten hingezogen fühlen.
Eine Seminarteilnehmerin erzählte mir, sie empfinde das regelmäßige morgendliche Meditieren als eine Einstimmung auf den Tag – so, wie ein Musikinstrument vor dem Spielen neu eingestimmt wird. Ein verstimmtes Instrument kann keine angenehm klingenden Melodien hervorbringen, egal, ob es laut oder leise, schnell oder langsam gespielt wird. Erst wenn es wieder richtig gestimmt ist, kann man ihm wohlklingende Töne entlocken.
Bleibt man bei dem Vergleich, wird klar: Indem man eingestimmt in den Tag geht, schafft man die besten Voraussetzungen dafür, dass es ein guter Tag wird.

Die Achtsamkeit auf den Atem richten

Die für mich effektivste Form von Entspannung ist es, die Achtsamkeit auf den Atem zu lenken. Wenn Sie sich innerlich unter Druck oder Spannung befinden oder ständig störende Gedanken in Ihrem Kopf kreisen, können Sie durch diese Atemübungen relativ schnell Ihr inneres Gleichgewicht wiederherstellen. Der Gedankenkreislauf wird dadurch unterbrochen, und die Spannung löst sich langsam auf.

ATEMÜBUNG AUS DEM YOGA

Sitzen Sie gerade, die Augen geschlossen. Die linke Hand ruht auf dem linken Knie. Verschließen Sie das rechte Na-

senloch mit dem rechten Daumen und atmen Sie durch das linke Nasenloch ein. Dann verschließen Sie das linke Nasenloch mit dem kleinen Finger und atmen durch das rechte Nasenloch aus. Atmen Sie einige Minuten in diesem Rhythmus.

Die folgende geführte Meditation »Achtsamkeit auf den Atem« basiert auf der Lehre der Achtsamkeit von Thich Nhat Hanh. Thich Nhat Hanh, geboren 1926 in Vietnam, ist buddhistischer Mönch und Zen-Meister und setzt sich für den Weltfrieden ein. Er lebt im Exil in Frankreich und ist der Begründer der Plum-Village-Dhyana-Schule. In seinem Meditationszentrum in Plum Village bei Bordeaux finden jährlich Retreats statt, bei denen die Übung der Achtsamkeit, im gegenwärtigen Augenblick bewusst zu leben, im Mittelpunkt steht. (Unter einem Retreat versteht man im Allgemeinen den Rückzug zur spirituellen Praxis.) Thich Nhat Hanh ist einer der bedeutendsten Meditationsmeister unserer Zeit und sieht in der Übung der Achtsamkeit den Weg zum Wesentlichen, den Schlüssel zum Wunder einer Veränderung der Welt und unseres eigenen Lebens. Er hat zahlreiche Bücher geschrieben, die ins Deutsche übersetzt wurden.

Sprechen Sie den Text der Übung auf einen Tonträger oder lassen Sie sich ihn von jemandem vorlesen. Die drei Auslassungspunkte (»...«) bedeuten eine Pause beim Sprechen, in der Sie das Gesagte auf sich wirken lassen können. Beschließen Sie die Übung, indem Sie dreimal einen Gong schlagen oder eine Glocke läuten lassen.

Sorgen Sie dafür, dass Sie für die Dauer der Übung nicht gestört werden. Für die nächsten 20 Minuten (als Anfänger können Sie auch mit 10 Minuten beginnen und die Übung dann nach und nach auf 20 Minuten ausdehnen) geben Sie sich die Erlaubnis, ganz bei sich zu sein. Es ist für alles gesorgt, niemand wird Sie stören, nichts wird von Ihnen verlangt. So können Sie ganz beruhigt alle gedanklichen Aktivitäten loslassen – wie Wünsche, Pläne, Gedanken an Unerledigtes, Erinnerungen, Befürchtungen, Widerstände und Sorgen. Sie lassen alles Haften los, ebenso alle Ablehnung, und verweilen in Gleichmut. Sie erlauben Ihrem Geist, sich zu entspannen und sich in seinem natürlichen Zustand niederzulassen. Sie können auf einem Stuhl, einem Bänkchen oder Kissen sitzen.

MEDITATION: ACHTSAMKEIT AUF DEN ATEM

Bevor Sie beginnen, lenken Sie Ihre Aufmerksamkeit zunächst auf eine korrekte Körperhaltung und die damit verbundene Geisteshaltung. Ihre Haltung sollte entspannt, angenehm und ausgeglichen sein und Ihnen ein Gefühl vermitteln, in Würde und Offenheit zu sitzen. Der Rücken sollte gerade sein. Dazu wird der obere Teil des Brustkorbs etwas zurückgezogen, während das Becken leicht nach vorn gekippt ist. Das hebt und dehnt den Oberkörper, wodurch der Druck auf die inneren Organe im Bauchraum wie Leber, Darm und Nieren verringert wird. Bei geradem Rücken können die subtilen Energien frei zirkulieren, und der Geist wird klar.

Der Kopf sollte in Verlängerung der Wirbelsäule aufrecht gehalten werden, dabei ist das Kinn in der Horizontalen etwas zurückgezogen und drückt dadurch leicht auf den Kehlkopf. Der Nacken wird somit leicht gestreckt.
Die Arme sind entspannt, und die Hände liegen entweder auf den Oberschenkeln oder zusammengelegt im Schoß.
Das Gesicht ist ebenfalls entspannt, vor allen Dingen Stirn und Mundpartie, so dass Sie ein »Halblächeln« entstehen lassen können.
Die Augen sollten entweder halb geöffnet und der Blick nach unten gerichtet oder geschlossen sein.
Wenn Sie auf einem Stuhl sitzen, haben Ihre Füße einen festen Kontakt zum Boden. Sitzen Sie auf einem Meditationsbänkchen, haben Ihre Unterschenkel einen festen Kontakt zur Unterlage. Im Schneidersitz, in der vollen oder halben Lotushaltung berühren jeweils Unterschenkel und Knie die Unterlage. Die Haltung gibt Ihnen ein Gefühl von Stabilität und Geerdetsein.
In dieser aufrechten Haltung nehmen Sie sich etwas Zeit, in die Meditation hineinzufinden.
Zunächst lenken Sie Ihre Aufmerksamkeit auf die Außengeräusche, nehmen sie ganz bewusst wahr ... Langsam lassen Sie sie los und nehmen Kontakt mit der Energie des Raums auf, in dem Sie sich befinden ... Sie spüren den Kontakt mit der Unterlage ... Spüren den Kontakt der Kleidung mit der Haut.

Einatmend weiß ich, dass ich einatme. Ausatmend weiß ich, dass ich ausatme ...

Wenn ein Gedanke auftaucht, kommen Sie sanft und liebevoll zu Ihrem Gewahrsein des Atems zurück, ohne dies zu bewerten oder zu beurteilen.
Einatmen, ausatmen ...
Immer wieder nehmen Sie Ihre Körperhaltung wahr. Vielleicht müssen Sie die Wirbelsäule wieder aufrichten und die Schultern weiten.

Einatmend weiß ich, dass ich einatme. Ausatmend weiß ich, dass ich ausatme ...

Verlieren Sie sich in Gedanken, bringen Sie sich sanft und liebevoll zurück. Sie erlauben dem Atem, seiner eigenen Natur zu folgen. Sie greifen nicht ein, indem Sie den Atem kontrollieren, manipulieren oder beeinflussen. Sie lassen den Atem einfach so, wie er ist.
Einatmen, ausatmen ...
Dadurch, dass Sie erlauben, sich des Atems immer wieder bewusst zu sein, stärken Sie die Energie der Achtsamkeit.
Einatmen, ausatmen ...
Taucht ein Gedanke auf oder verspüren Sie die Tendenz einzunicken, erinnern Sie sich daran, wieder zum Gewahrsein des Ein- und Ausatmens zurückzukommen. Ganz sanft und liebevoll.
Indem Sie sich bewusst werden, dass Sie sich in Gedanken verlieren, und sich dann daran erinnern, wieder zurückzukehren, stärken Sie das Erinnerungsvermögen und das Gewahrsein.
Ganz wach, ganz gegenwärtig ... Durch das kontinuierli-

che Beobachten des Atemvorgangs wird Ihr Gefühl des Gegenwärtigseins gestärkt.

Einatmend weiß ich, dass ich einatme. Ausatmend weiß ich, dass ich ausatme ...

Sie lassen den Geist sich mehr und mehr mit der Atembewegung verbinden. Als Hilfe können Sie dabei zunächst Ihr Gewahrsein auf die Bauchdecke lenken ... Sie spüren, wie sie sich beim Einatmen hebt und wie sie sich beim Ausatmen wieder senkt. Wenn es hilfreich ist, können Sie die Hände auf die Bauchdecke legen, um die Bewegung noch deutlicher zu spüren ... Sie erlauben sich, sich ganz mit dieser Wellenbewegung des Auf und Ab zu verbinden.

Beschließen Sie die Übung mit dem Schlagen des Gongs, dem Glockenläuten oder indem Sie mit drei tiefen Atemzügen bewusst aus ihr heraustreten.

Falls Sie zu den Menschen gehören, die durch ruhiges Sitzen eher nervös werden, empfehle ich Ihnen die »Gehmeditation«. Sie können sie im geschlossenen Raum oder in der freien Natur ausüben. Wenn Sie ärgerlich, nervös oder erregt sind, empfehle ich Ihnen die Gehmeditation im Freien. Sie hilft Ihnen, Ihren Geist ruhiger und klarer werden zu lassen.

Wenn Sie einen eigenen Garten haben oder sich in Ihrer näheren Umgebung ein ruhiger Weg durch die Natur befindet, ist das eine wunderbare Alternative zur Gehmeditation im geschlossenen Raum. Achten Sie darauf, dass der Weg nicht zu uneben oder zu steil ist.

GEHMEDITATION

Im geschlossenen Raum

Gehen Sie mit Socken oder barfuß langsam und achtsam durch den Raum. Versuchen Sie, Ihre Schritte auf den Atem abzustimmen. Verbinden Sie jedes Einatmen mit einem Schritt links und jedes Ausatmen mit einem Schritt rechts. Setzen Sie Ihren linken Fuß als Erstes mit der Ferse auf und spüren Sie, wie die Ferse den Boden berührt, das Bein langsam das Körpergewicht übernimmt, und rollen Sie den Fuß langsam bis zu den Zehen ab, so dass schließlich die ganze Fußsohle den Boden bedeckt. Dann setzen Sie die Ferse des rechten Beins vor den Fuß des linken und verlagern das Gewicht auf das rechte Bein, rollen den Fuß bis zu den Zehen ab, während sich der linke Fuß langsam vom Boden abhebt, bis auch die Zehen sich vom Boden ablösen und der nächste Schritt folgt …

In der freien Natur

Wenn Sie gehen, tun Sie dies behutsam und ruhig. Atmen Sie voller Bewusstheit. Achtsames Atmen bedeutet, sich des Atmens bewusst zu sein. Wenn es ein langer Atemzug ist, sind Sie sich bewusst, dass es ein langer Atemzug ist; und wenn es ein kurzer Atemzug ist, sind Sie sich ebenfalls dessen bewusst.

Es ist möglich, Atem und Gehen zu vereinen, indem Sie zählen, wie viele Schritte Sie beim Einatmen gehen und wie viele beim Ausatmen. Atmen Sie ganz normal und versuchen Sie Ihren Atem nicht zu beeinflussen. Nach einiger Zeit werden Sie spüren, wie sich eine ruhige und kraftvolle Energie in Ihnen ausbreitet.

Autogenes Training

Autogenes Training ist eine Methode der Autosuggestion, die das Ziel verfolgt, sich selbst in einen Zustand der inneren Ruhe zu versetzen. Durch formelhafte Leitsätze wird bewirkt, dass sich die Entspannung über das vegetative Nervensystem in den Muskeln, im Kreislauf und im ganzen Körper ausbreitet. Es kann sowohl im Liegen als auch im Sitzen durchgeführt werden. Die Basis des autogenen Trainings besteht aus sechs Stufen (als Einführung kann man mit dem Satz »Ich bin ganz ruhig« anfangen).

Die erste Stufe beginnt mit der Suggestion eines Schweregefühls in Armen und Beinen. Sie dient zur Muskelentspannung.

Als Zweites folgt eine Wärmeübung in Armen und Beinen. Sie trägt zur Entspannung der Blutgefäße bei.

Als Drittes folgt eine Beruhigung des Atems und als Viertes eine positive Beeinflussung der Herzfunktion.

In der fünften Stufe, bei der man sich zum Beispiel den Satz »Das Sonnengeflecht ist strömend warm« vorstellt, wird eine Entspannung im Magen-Darm-Bereich bewirkt.

Die sechste Stufe »Die Stirn ist angenehm kühl« beeinflusst die Blutgefäße im Kopf und hilft etwa bei Konzentrationsschwäche.

Die regelmäßige Anwendung trägt neben der allgemeinen Entspannung zur Persönlichkeitsstabilisierung bei und hilft, Alltagsprobleme souveräner zu verarbeiten. Autogenes Training eignet sich unter anderem zum Abbau von Ängsten wie zum Beispiel vor Prüfungen und ist hilfreich bei Schlafstörungen. Man kann die Zeit, die man in öffentlichen Verkehrsmitteln verbringt, für das Üben nutzen. Ebenso eignet sich das autogene Training, um Wartezeiten bei Behörden oder Ärzten zu überbrücken. So benötigt man keine zusätzlichen »Fenster« im Tagesplan und kommt frisch und ausgeruht an sein Ziel.

2. Der Schlüssel zur inneren Bilderwelt

Was versteht man unter inneren Bildern? Da gibt es zunächst die Träume, die den Menschen nachts, während des Schlafs, der inneren Bilderwelt begegnen lassen.

Träume

Der Traum während des Schlafs ist ein Stück »unwillkürlicher« psychischer Tätigkeit, die gerade so viel Bewusstheit hat, um im Wachzustand reproduzierbar zu sein. Will man die

Botschaft der Träume nutzen, kann man lernen, sich besser an sie zu erinnern, und sie danach aufschreiben. Hier ein paar Tipps dazu.

Legen Sie sich auf Ihrem Nachttisch Papier und Stift bereit. Ein gedämpftes Licht sollte leicht anzuknipsen sein.

Vor dem Einschlafen können Sie sich suggerieren: »Ich werde mich an einen Traum erinnern.« Sie können auch zu einer bestimmten Fragestellung eine Antwort im Traum erbitten.

Wenn Sie nach einem Traum erwachen, setzen Sie sich vorsichtig auf. Falls es Ihnen schwerfällt, sich zu erinnern, versuchen Sie, den Traum mit geschlossenen Augen zu rekapitulieren, bevor Sie ihn aufschreiben.

Notieren Sie sich alle Einzelheiten, an die Sie sich erinnern können, bevor Sie den Traum analysieren. Wenn Sie nachts nach einem Traum aufwachen, reicht es, sich nur Stichpunkte zu notieren, um den Weiterschlaf nicht zu stören.

Führen Sie ein »Traumtagebuch«, in dem Sie Ihre Träume chronologisch notieren. So können Sie auch Fortsetzungen und Entwicklungen erkennen.

Bei manchen Träumen ärgert man sich, wenn der Wecker läutet, weil sie so schön waren und man sich deshalb gar nicht davon lösen wollte. Bei sehr unangenehmen Träumen – den sogenannten Alpträumen – kann es sein, dass man schweißgebadet und mit Herzklopfen wach wird, weil man sich irgendeiner dramatischen Situation ausgesetzt fühlte. Dann ist das Aufwachen mit einer großen Erleichterung verbunden. Vielleicht haben Sie auch schon einmal geträumt, dass Sie irgendwo hinunterstürzen, und während des Fallens wachen

Sie vor Schreck auf. Dadurch sind Sie dem Aufprall gerade noch rechtzeitig entkommen.
Dann gibt es noch jene Träume, bei denen man intuitiv spürt, dass sie eine ganz besondere Bedeutung haben müssen. Sie können über Jahrzehnte in Erinnerung bleiben. C. G. Jung hat sie als »archetypische Träume« bezeichnet. In ihnen sind mythologische Motive enthalten. Die bedeutungsvollen Träume entstammen nach Jung dem kollektiven Unbewussten, das eine tiefere Schicht als das bewusstseinsnähere persönliche Unbewusste darstellt. Solche Träume ereignen sich meist in schicksalsentscheidenden Abschnitten des Lebens, so zum Beispiel in der frühen Jugend, in der Pubertät und um die Lebensmitte.
Gerade auch in Lebenskrisen können Träume weiterhelfen, indem sie durch ihre Symbolik neue Erkenntnisse vermitteln.
Bedeutsame Träume lassen einen meist nicht so schnell los, und manchmal braucht man auch einige Zeit, um den tiefgehenden Sinn zu erkennen, der darin verborgen liegt.
Dazu möchte ich Ihnen gern ein Beispiel erzählen. Es ist ein Traum, den ich während der Zeit meines Kunsttherapiestudiums hatte.

Es war dunkle Nacht. Ich befand mich auf einer Straße in einer fremden Stadt und hielt einen Stadtplan in der Hand, den ich nicht lesen konnte. So musste ich in ein Lokal gehen, um den Stadtplan lesen zu können. Ich fand die Adresse und machte mich auf den Weg. Als ich ankam, war die Haustür bereits einen Spalt geöffnet. Ich trat ein und fragte, ob jemand anwesend sei. Es kam keine Antwort, aber das Telefon klingelte. Ich hob den Hörer ab und meldete mich. Daraufhin sagte eine Frauenstimme: »Hallo, hier spricht Peggy. Leider kann ich dich nicht persönlich empfangen, aber sieh dich einfach um und fühl dich ganz wie zu Hause.« Hier endete der Traum.

Als ich erwachte, konnte ich zunächst gar nichts damit anfangen. Ich kannte auch niemanden, der Peggy hieß. Ein paar Wochen später verbrachte ich einige Tage in Venedig. Als wir mit dem Vaporetto auf dem Canal Grande unterwegs waren, erblickte ich plötzlich am linken Ufer die Aufschrift »Peggy Guggenheim Collection«. Im gleichen Moment kam mir der Name Peggy aus meinem Traum in Erinnerung.

Um meine starke Neugierde zu befriedigen, machten wir uns sofort auf den Weg dorthin. Ich wurde auch nicht länger auf die Folter gespannt. Gleich in der Nähe des Eingangsbereichs zog mich ein Gemälde vollkommen in seinen Bann. Es handelte sich um ein Ölgemälde des belgischen Malers Paul Delvaux aus dem Jahre 1937 mit dem Titel »The Break of Day« (»Morgendämmerung«). Auf diesem Bild waren vier Frauen abgebildet, deren Unterkörper aus einem Baumstamm mit Wurzeln bestand und deren Oberkörper ab dem Bauchnabel entblößt war.

Als ich nach einer Erklärung suchte, was dieses Bild mit mir zu tun haben könnte, war mein erster Gedanke, dass es mir ganz wichtig ist, mit beiden Beinen fest am Boden zu stehen, um meine Ideen zu verwirklichen. Andererseits strahlten die nackten Oberkörper für mich das Prinzip von Leichtigkeit und Offenheit aus. Diese Kombination mit ihrer Symbolik beeindruckte mich so stark, dass ich beschloss, dieses Thema in die praktische Abschlussarbeit meines Kunsttherapiestudiums mit

einzubeziehen, für das ich bis zu diesem Zeitpunkt noch keine konkrete Vorstellung hatte.
Im ersten Trimester hatte ich beim Plastizieren eine schwangere Frau geformt, deren Hände auf ihrem Bauch ruhten. Nun, zum Ende meines Studiums, schien mir die Zeit reif zu sein, das Kind auf die Welt kommen zu lassen, und ich formte aus Ton eine Plastik »Mutter und Kind«. Der Unterleib war einem Baumstamm ähnlich, und auch die Rückseite der Plastik ähnelte einem Baum, dessen Krone (Kopf der Mutter) noch eine Verzweigung mit einer kleineren Krone (Kopf des Kindes) aufwies. Auf symbolischer Ebene hatte dies für mich zum Beispiel die Bedeutung (nach Khalil Gibran): »Gebt den kleinen Kindern Wurzeln und den großen Kindern Flügel.«
In der Nachbetrachtung wurde mir dann auch klar, warum »Peggy« nicht anwesend sein konnte, sie war ja bereits verstorben ... Da ihr Museum allen zum Besuch offensteht, ergab dies für mich auch eine sinnvolle Erklärung für die offene Tür in meinem Traum.

Die Deutung eines Traums ist in der Regel eine komplexe Aufgabe. Sie verlangt neben Einfühlungsvermögen, Intuition und Kombinationsfähigkeit auch ein Wissen über die Bedeutung von Symbolen. Wenn Sie damit beginnen, über Ihre Träume zu reflektieren, werden Sie merken, dass Sie mit der Zeit immer mehr Gefühl für ihre Bedeutung bekommen. Auf alle Fälle sollten Sie nicht zu vorschnell eine Aussage dazu treffen. Sinnvoller ist es, den Traum erst einmal aufzuschreiben, den Inhalt auf sich wirken zu lassen und dann erst nach einer möglichen Erklärung zu suchen.

Erinnerungen

Nicht nur nachts, auch im Tagesgeschehen kann man inneren Bildern begegnen. Sie spielen eine wesentliche Rolle, wenn man sich an etwas Vergangenes erinnert und sich etwas Zukünftiges vorstellt.

Erlebnisse werden in Form von Bildern im Gedächtnis abgespeichert, die auch eine Verbindung mit den Gefühlen herstellen, die man dabei erlebt hat. Alle Arten von Sinneseindrücken können Erinnerungen wachrufen und Bilder aus der Vergangenheit erzeugen.

Sicherlich haben Sie schon erlebt, dass Ihnen am Abend eine bestimmte Begebenheit des Tages in den Sinn kommt. Vielleicht haben Sie ein unerwartetes Kompliment erhalten, und Sie sehen vor Ihrem inneren Auge noch mal die Person vor sich und hören die Worte, die im Nachhinein erneut ein Lächeln auf Ihr Gesicht zaubern.

Oder aber Ihr Chef hatte extrem schlechte Laune, unter der Sie leiden mussten. Sie erinnern sich an seine finstere Miene und spüren dabei wiederholt den Groll darüber. Je nachdem, ob gerade ein positives oder negatives Erlebnis wieder vor Ihrem inneren Auge auftaucht, verändert sich auch Ihre Stimmungslage.

Falls Sie dazu neigen, sich eher an die negativen Erlebnisse zu erinnern, können Sie sich dann immer ganz gezielt fragen, was Sie an dem betreffenden Tag auch Schönes erlebt haben. So schaffen Sie einen gewissen »Ausgleich« und ärgern sich nicht mehr so sehr, vielleicht verschwindet der Groll ja auch ganz ...

Eine weitere Möglichkeit, den negativen Erlebnissen nicht mehr nachzuhängen, ist, sie »als Erfahrungen zu verbuchen«.

So werden sie darüber hinaus zur Lernchance; denn wir überlegen, wie wir beim nächsten Mal besser handeln oder reagieren beziehungsweise bestimmte Situationen von vornherein meiden könnten.

Vorstellungen und Visionen

So, wie uns am Abend Bilder des vorangegangenen Tages in den Sinn kommen, so begleiten uns am Morgen meistens schon in Gedanken Bilder, die wir mit dem bevorstehenden Tag in Verbindung bringen, sei es ein wichtiges Gespräch, das wir führen müssen, oder ein Rendezvous, das uns am Abend erwartet. Sie können Ihre Vorstellungskraft aber auch ganz speziell zum Erreichen Ihrer Ziele einsetzen. Die Vorstellungskraft ist nämlich eine Fähigkeit, die Sie nutzen können, um das zu bekommen, was Sie sich in Ihrem Leben wünschen.
Wichtig dabei ist nur, dass Sie nicht in der Vorstellung verharren, sondern auch damit beginnen, Ihre Träume und Ziele umzusetzen. Denn wie Erich Kästner sagte: »Es gibt nichts Gutes, außer man tut es.«

Schon mehrmals habe ich auf diesen Ratschlag hin die Antwort gehört: »Dazu fehlt mir die Zeit. Das kann ich erst machen, wenn ich mal in Rente bin.« Verständlicherweise haben Sie, wenn Sie voll berufstätig oder als Mutter mit dem Haushalt und der Erziehung Ihrer Kinder beschäftigt sind, nur begrenzte Zeit zur Verfügung, in der Sie sich Ihren eigenen Bedürfnissen widmen können. Trotzdem halte ich es für möglich, dass Sie sich Freiräume schaffen können, in denen Sie Akti-

vitäten nachgehen, die Ihnen Freude bereiten und die Sie innerlich bereichern.
Denken Sie daran, dass jeder Tag, jede Stunde und jeder Augenblick kostbar sind, weil es sie nur einmal gibt. Und jeder Tag bietet die Chance zur Veränderung.

Imaginationsübungen und Phantasiereisen

Durch Imaginationsübungen und geführte Phantasiereisen erhalten Sie den Zugang zu Ihrer inneren Bilderwelt und zu Ihren Ressourcen. Die darin enthaltene Symbolik unterstützt Sie bei Ihren jeweils angestrebten Veränderungsprozessen.
Legen Sie sich vorher alles Material bereit, das Sie für das anschließende Malen oder für eine Collage benötigen.
Setzen Sie sich in einen bequemen Sessel. Achten Sie auf eine möglichst aufrechte Haltung und darauf, dass die Beine nicht übereinandergeschlagen sind, damit ihr Atem frei durch Ihren Körper fließen kann. Eine leise meditative Musik im Hintergrund vertieft die Entspannung.

Die mit einem »…x« gekennzeichneten Stellen verweisen wie die einfachen Auslassungspunkte (»…«) auf Pausen. Wenn Sie die Imaginationsübung selbst lesen, dann schließen Sie an den Stellen mit dem »…x« kurz die Augen, um ein Bild in Ihrem Inneren entstehen zu lassen. Die Alternative ist, sich den Text vorher auf einen Tonträger zu sprechen oder sich von jemandem vorlesen zu lassen.

Die Imagination »Die innere Blume« eignet sich gut als Einstiegsübung, falls Sie sich bisher noch nie oder selten mit inneren Bildern beschäftigt haben.
Lassen Sie sich von Ihrer Intuition leiten und achten Sie auf eine wertfreie Wahrnehmung. Das heißt zum Beispiel in Bezug auf die folgende Übung, dass Sie die Blume, die Ihnen spontan vor Ihrem inneren Auge erscheint, so akzeptieren, wie sie ist, und sich nicht durch Ihren Verstand etwas anderes aufdrängen lassen. Egal, welche Blume spontan erscheinen wird, sie hat ihre ganz spezielle Bedeutung und unterscheidet sich oft von den Lieblingsblumen, die Sie im Wachzustand kennen. Es kann auch sein, dass Sie eine Phantasieblume sehen, die es in der Realität nicht gibt. Lassen Sie sich dadurch nicht verunsichern. Auch sie kann Ihnen in der Nachbetrachtung durch ihre Farbe, ihre Blätter und so weiter aufschlussreiche Hinweise geben.

Nehmen Sie sich für die Übung mit anschließendem Malen und Reflektieren etwa 60 Minuten Zeit.
Beginnen Sie mit einer kurzen Atem- oder Entspannungsübung (siehe auch das Kapitel »1. Der Schlüssel zu innerer Ruhe und Gelassenheit«).

IMAGINATION: DIE INNERE BLUME

Stell dir vor, dass dein Atem in deine Mitte ein- und ausströmt wie sanfte Wellen, die kommen und gehen ... Lass deinen Atem durch deine Arme fließen bis in deine Hände und Fingerspitzen ... Spüre, wie sich deine Bauchdecke beim Einatmen etwas hebt und beim Ausatmen wieder senkt ... Lass deinen Atem auch durch deine Beine fließen bis in deine Füße und Zehenspitzen ... Spüre den Boden unter deinen Füßen und die Hände, wie sie auf deinen Schenkeln ruhen ...

... und dann stell dir bitte vor deinem inneren Auge eine Blume vor ...x
Betrachte sie in all ihren Einzelheiten: die Farbe, die Blütenblätter. Ist die Blüte ganz geöffnet oder noch etwas geschlossen? ...x
Hat sie eine oder mehrere Blüten? ...x
Wie sieht der Stengel aus? ... Gibt es Blätter an dem Stengel? ... Welche Form haben die Blätter? ...x
Strahlt die Blume einen Duft aus? ...x
Wie fühlt sie sich an? ...x
Wo steht oder wächst die Blume? Betrachte auch die Umgebung ...x
Steht sie allein oder inmitten anderer Blumen? ...x
Und dann bedanke dich und verabschiede dich von dem Bild deiner inneren Blume ...x

Im Anschluss atme dreimal tief ein und aus, recke und strecke deine Gliedmaßen, öffne deine Augen und kehre wieder ganz zurück ins Hier und Jetzt – in diesen Raum.

Idealerweise malen Sie Ihre Blume, bevor Sie sich die Einzelheiten in Ihrem »Schatzbuch« notieren.
Die Blume und die Umgebung, in der sie sich befindet, kann

Ihnen einiges über Ihre momentane Lebenssituation und Ihre Ausstrahlung verraten. Sie lässt Sie auch neue Seiten an sich entdecken.
Reflektieren Sie in Ruhe darüber, was sie Ihnen zu sagen hat. Fragen und mögliche Aussagen dazu finden Sie etwas weiter unten im Abschnitt »Malen nach inneren Bildern«.

Märchen und Geschichten

Ich verwende in meiner Arbeit auch gern Märchen und kleine Geschichten, durch die neue Erkenntnisse gewonnen und Entwicklungswege aufgezeigt werden. Sie ermöglichen durch ihre symbolische Sprache, eigene Bilder im Innern entstehen zu lassen.
Märchen beginnen meist mit einer Problem- oder Aufgabenstellung, sie zeigen, wie mit der jeweiligen Situation umgegangen wird und Schwierigkeiten bewältigt werden können. Die Beschäftigung mit der Heldin oder dem Helden bringt uns mit unseren eigenen Stärken, Talenten und Fähigkeiten in Berührung.
Mit Märchen können die unterschiedlichsten Themen bearbeitet werden. In meinen Märchenseminaren lasse ich die Teilnehmer nach dem Lesen der Geschichte die für sie jeweils wichtigste Szene oder Figur heraussuchen und malen. Das gewählte Bild bietet die Möglichkeit, es mit sich und der eigenen Lebenssituation in Verbindung zu bringen und so zu neuen Erkenntnissen zu gelangen.
Als Beispiel fällt mir eine Teilnehmerin ein, die zwar gern etwas in ihrem Leben bewegen wollte, der aber die nötige Tat-

kraft fehlte. Sie suchte eine Szene aus, in welcher der Held des Märchens mutig seinen Weg geht und auch vor Gefahren nicht haltmacht. Das gemalte Bild drückte für sie vor allem den Mut aus, der ihr angeblich fehlte. Dieses Bild wurde dann der Auslöser, sich für eine berufliche Fortbildung anzumelden, vor der sie sich bisher gescheut hatte.

Kleine Geschichten, die durch ihren übertragenen Sinn als Metaphern wirken, ermöglichen uns, neue Perspektiven zu gewinnen und neue Verhaltensweisen zu erproben.

3. Der Schlüssel zum kreativen Ausdruck

Damit die inneren Bilder ihre Wirkung zeigen können, werden sie in eine äußere Form verwandelt, das heißt gezeichnet, gemalt oder in Form einer Collage kreativ zum Ausdruck gebracht.

Malen nach inneren Bildern

Das Malen nach inneren Bildern bietet Ihnen eine hervorragende Möglichkeit, mehr über sich selbst und Ihre Persönlichkeit zu erfahren, und liefert Ihnen Hinweise darauf, welche Art von Veränderung Ihnen guttun könnte. Durch die konkrete Darstellung wird neben der Imagination eine weitere Möglichkeit geschaffen, den Symbolgehalt des inneren Bilds zu erfahren.

Vorrangig ist dabei immer, was Sie persönlich empfinden, denn ebenso wie bei Ihren Träumen können nur Sie selbst bestimmen, was welche Bedeutung für Sie hat.
Am Beispiel der Imaginationsübung »Die innere Blume« aus dem vorangegangenen Kapitel möchte ich Ihnen nun zeigen, wie Sie über das Bild Zusammenhänge mit Ihrer persönlichen Ausstrahlung und Ihrer augenblicklichen Lebenssituation herstellen können.

DAS MALEN DER INNEREN BLUME

Als Material empfehle ich zwei Blatt Papier 35 mal 50 Zentimeter und Farben Ihrer Wahl (Buntstifte, Wachsmalkreiden, Wasserfarben oder Ähnliches).
Nach der Imaginationsübung malen Sie Ihre innere Blume in der Umgebung, in der Sie sie gesehen haben.

Bevor Sie die folgenden Fragen beantworten und in Ihrem »Schatzbuch« notieren, lassen Sie das gemalte Bild in aller Ruhe auf sich wirken.

Als Erstes können Sie sich fragen, ob es Ihnen mit Ihrer Blume gutgeht und was Ihnen an ihr besonders gefällt. Finden Sie möglichst viele positive Eigenschaften heraus. Das können ganz unterschiedliche Merkmale sein. Entweder ist es die Blume an sich, die Sie mögen, oder es ist die Farbe, die eine besondere Ausstrahlung hat, wie zum Beispiel ein leuchtendes Rot, ein tiefes Blau oder ein strahlendes Gelb.

Fühlen Sie sich in die Farbe hinein. Was strahlt sie für Sie aus? Manchmal ist es auch eine leuchtende Mitte, die der Blume Strahlkraft verleiht. Stellen Sie einen Zusammenhang zwischen der Farbe der Blüte und Ihrer Persönlichkeit her. Was hat die Farbe mit Ihnen zu tun?
Rot kann zum Beispiel für ein lebhaftes Temperament stehen, Blau innere Ruhe ausstrahlen und Gelb von einem sonnigen Gemüt zeugen. (Weitere Erklärungen zu den Farben finden Sie im Kapitel »7. Der Schlüssel zur Welt der Symbole«.)

Wie ist die Beschaffenheit Ihrer Blume? Ist sie eher groß oder klein? Hat sie einen kräftigen oder einen zarten Stengel? Ist dieser gerade oder gebogen?
Das kann Ihnen zeigen, ob Sie sich zurzeit eher stark oder sensibel fühlen. Beachten Sie dabei aber auch, dass es zum Beispiel Blumen wie etwa das Gänseblümchen gibt, die, obwohl sie sehr klein und zart wirken, sehr widerstandsfähig sind.

Hat Ihre Blume besondere Merkmale wie etwa Dornen an ihrem Stengel?
Die Dornen können dafür stehen, dass es auch wichtig ist, sich in manchen Lebenssituationen zu wehren. Ein weiterer Ansatzpunkt wäre, es gar nicht erst so weit kommen zu lassen, dass die »Dornen« benötigt werden, indem bereits im Vorfeld klare Aussagen getroffen und Grenzen gesetzt werden (ein Beispiel finden Sie im Kapitel über den 4. KREAMIND-Prozess zur Veränderung von Verhaltens- und Sichtweisen).

Strahlt Ihre Blume einen Duft für Sie aus?
Was fällt Ihnen dazu ein, wenn Sie sich gefühlsmäßig mit diesem Duft verbinden?
Was verströmen Sie durch Ihre Anwesenheit in Ihre Umgebung, das Aufmerksamkeit erregt?

Was sagt der Standort Ihrer Blume aus? Steht sie abgeschnitten in einer Vase, wächst sie in einem Blumentopf oder in freier Natur?
Damit können Sie feststellen, ob Sie sich irgendwie eingeengt fühlen oder ob Sie so wachsen können, wie es Ihnen gefällt.

Wie sieht die Umgebung Ihrer Blume aus? Steht sie allein oder inmitten anderer Blumen?
Das kann Ihnen zeigen, ob Sie sich in Ihrem Umfeld wohl fühlen oder ob Ihnen andere zu nahe kommen und Sie sich dadurch in Ihrem persönlichen Freiraum eingeengt fühlen. Die landschaftliche Umgebung kann auch einen Hinweis darauf geben, dass Sie Unterstützung von außen finden können.

Woher bezieht die Blume ihre Kraft? Ist sie durch Wurzeln mit dem Boden verbunden?
Das kann ein Hinweis darauf sein, dass Sie mit Ihren Kraftquellen verbunden sind und auf Ihre inneren Kräfte vertrauen können.

Des Weiteren können Sie darauf achten, ob Sie Ihre Blume in die Mitte des Blattes oder eher an den Rand gemalt

haben. Wie groß ist sie im Vergleich zur Größe des Blattes?
Das kann etwas darüber aussagen, wie wichtig Sie sich selbst nehmen beziehungsweise wie stark Ihr Selbstbewusstsein ausgeprägt ist.

Manchmal ist der erste Kontakt mit der inneren Blume so positiv, dass einen die Erfahrung über viele Jahre hinweg begleitet, etwa wie im nachfolgenden Beispiel von Eva beschrieben.
Es kann aber ebenso sein, dass bei einer Wiederholung dieser Imaginationsübung eine andere Blume vor Ihrem inneren Auge auftaucht, weil sich in der Zwischenzeit Ihre Lebenssituation verändert hat. Bei manchen Teilnehmerinnen, die über längere Zeit an meinen Malgruppen teilnahmen, konnte ich die Verwandlung miterleben. So wurde beispielsweise die anfänglich zarte Glockenblume im späteren Verlauf zu einer Iris in einem kräftigen Blau, und aus einer Mohnblume wurde eine dunkelrote Edelrose. Bei beiden Frauen war die innere Verwandlung auch in ihrem Äußeren sichtbar, denn sie fühlten sich beide wesentlich selbstbewusster als zu Beginn.

BEISPIEL: DIE BLUME VON EVA

Das Bild einer orangeroten Tulpe begleitet Eva bereits seit zehn Jahren. Die Tulpe bringt sie mit der Energie in Berührung, die ihr Selbstvertrauen stärkt. Sie hilft ihr auch, bei

Schwierigkeiten nicht aufzugeben und nach neuen Wegen zu suchen, die ins Positive führen.
Als sie begann, sich näher mit der Tulpe zu beschäftigen, fand sie heraus, dass diese Blume noch weiter wächst, auch wenn sie abgeschnitten im Wasser steht. Im übertragenen Sinne bedeutete dies für sie, dass sie aus sich heraus eine innere Stärke entwickelt hat, die sie wachsen ließ, obwohl sie in ihrer Kindheit nicht die richtige Unterstützung (Wurzeln) bekommen hatte.
Die Energie der Tulpe, an die sie sich durch ein inneres oder äußeres Bild immer wieder anschließen kann, bringt sie zudem mit ihrer kreativen Ader in Berührung. Sie erhält dadurch sowohl neue Inspirationen für ihre Bilder und Objekte aus Stoff, die sie in ihrer Freizeit selbst entwirft und näht, als auch die Impulse zur Umsetzung.
Ein weiterer Aspekt der Tulpe, nämlich dass sie in früheren Zeiten als sehr wertvoll galt und teuer gehandelt wurde, brachte sie dazu, sich selbst mehr wertzuschätzen.
Sie fand auch heraus, dass die Tulpe zu ihrem Sternzeichen Widder passte, denn ebenso, wie der Widder mit der Kraft des Frühlings in Verbindung gebracht wird, so ist die Tulpe eine deutliche Frühlingsbotschaft.

Sie können die Übung noch erweitern, indem Sie sich die Blume, die Ihnen vor Ihrem geistigen Auge erschienen ist und die Sie bildlich dargestellt haben, direkt in der Natur betrachten, sofern dies möglich ist. Falls Ihre Blume nicht in der freien Natur zu finden ist, können Sie zum Beispiel auch einen Botanischen Garten aufsuchen.

Wenn auch diese Möglichkeit nicht gegeben ist, können Sie sich eine Fotokarte von Ihrer Blume besorgen. Es gibt einige Varianten von Bildpostkartenbüchern mit Blumen. Manche haben eine Vielzahl verschiedener Blumen, manche sind nach Farben sortiert, und wieder andere enthalten nur Variationen zu einer bestimmten Blumenart, zum Beispiel Rosen, Tulpen oder Sonnenblumen.
Je mehr Sie sich innerlich mit Ihrer Blume auseinandersetzen, desto mehr Erkenntnisse werden Sie gewinnen.

Das gemalte Bild bietet auch die Chance zur Wandlung. Wenn Sie spüren, dass irgendeine Art der Veränderung Ihrer Blume guttun würde, dann können Sie jetzt ein zweites Bild von der Blume in veränderter Form oder Umgebung malen. Wie das konkret aussehen kann, möchte ich Ihnen wieder anhand eines Beispiels darlegen.
In einem Seminar für Frauen in Trennung und Scheidung mit dem Titel »Finde deinen Weg« ließ ich die Teilnehmerinnen zu Beginn die innere Blume malen. Bei einer von ihnen war auffällig, dass sie dem Malen der Blume relativ wenig Zeit widmete im Vergleich zu der Vase und dem Tisch, auf dem diese stand. Als ich bei der Nachbesprechung fragte, wie es den Teilnehmerinnen mit ihren Blumen ginge, äußerte sie, dass sie sich damit gar nicht so gut fühle, weil die Blume zu wenig Raum bekommen und sie selbst zu lange für das Malen des Tischs gebraucht habe, um seine Beine gerade hinzukriegen. Da sie an dem Abend keine Zeit mehr hatte, schlug ich ihr vor, am nächsten Morgen früher zu kommen, um noch mal ein neues Bild von der Blume zu malen, mit dem sie sich wohl fühlen konnte. Am nächsten Tag wollte sie ihre

Blume weder in einer Vase noch auf einem Tisch stehen sehen. Sie schnitt die Blume aus ihrem Bild aus, klebte sie auf ein neues Blatt Papier, malte eine Wiese darunter und einen blauen Himmel darüber. Daraufhin fühlte sie sich sehr erleichtert.

Das Interessante daran war, dass die Blume nun wesentlich größer wirkte und die anderen Teilnehmerinnen gar nicht glauben wollten, dass es dieselbe Blume war.

Der Wandlungsprozess, der mit der Blume auf dem Blatt vollzogen wurde, hat bei der Teilnehmerin auch einen inneren Wandlungsprozess bewirkt. Ihr ist dadurch bewusst geworden, dass sie sich und ihre Interessen im Leben zurückgestellt hatte. Durch das Bild ist ihr klargeworden, dass es höchste Zeit war, sich selbst mehr Aufmerksamkeit zu schenken

Ich empfehle im Allgemeinen, die zweite Version der Blume nach Möglichkeit auf ein neues Blatt zu malen, weil dann die Veränderung sichtbarer wird. In diesem Fall hatte allerdings auch das Ausschneiden eine Bedeutung im Sinne des »Ausbrechens aus dem gewohnten Rahmen«. Die Blume in der Vase wurde aus dem abgeschlossenen Raum befreit. Durch das Integrieren in die Wiese wurde ihr neues Leben geschenkt. Sie konnte nun weiter wachsen.

Tatsächlich erzählte mir die Teilnehmerin, dass sie zu Hause das Bedürfnis bekam, die Blüte noch größer zu malen. Als sie dies auch kurzentschlossen getan hatte, fühlte sie sich tief innerlich sehr beglückt. Übertragen bedeutete es, dass es Zeit war, sich aus äußeren Zwängen zu befreien und dadurch im wahrsten Sinn des Wortes zu wachsen und an Ausstrahlung zu gewinnen.

Ein weiteres Beispiel zum Malen nach inneren Bildern stammt aus einem Märchenseminar. Eine Teilnehmerin hatte im »Froschkönig« den König gespielt. In einer anschließenden Übung sollten die Teilnehmerinnen dem positiven Gefühl, das sie in der Rolle erlebt hatten, noch mal innerlich nachspüren und dann beim Nass-in-Nass-Malen in Farben umsetzen. Sie drückte das königliche Gefühl, das sie im Spiel empfunden hatte, in einer Komposition aus Blau-, Rot- und Gelbtönen aus.

Das Beste daran aber war, dass sie dadurch eine Seite ihrer selbst kennenlernte, die ihr bis dahin verborgen gewesen war. Als sie nach dem Seminar wieder ins Büro kam, sah sie ihren Chef aus einer vollkommen neuen Perspektive. Offensichtlich merkte auch er, dass sie sich irgendwie verändert hatte, und schlug ihr gegenüber einen wesentlich respektvolleren Ton an.

Es war ihr gelungen, sich dieses Gefühl von innerer Stärke zu bewahren und nach außen hin auszustrahlen.

Einige Zeit später erzählte sie mir, dass sie sich das Bild zu Hause an die Wand gehängt habe und immer, wenn sie es betrachte, wieder ganz intensiv das »königliche Gefühl« erlebe.

Neben dem Sinngehalt, den wir selbst in einem bestimmten Symbol entdecken, haben wir auch Zugriff zu den universalen Symbolen durch unser Tiefenbewusstsein, in dem der Erfahrungsschatz der gesamten Menschheit ruht. Dazu möchte ich Ihnen ein Erlebnis schildern, das ich am Ende eines viertägigen Märchenseminars hatte.

Nach einer kurzen Einstimmung sollten die Teilnehmerinnen nacheinander schweigend jeweils ein Symbol auf ein gemeinsames Blatt malen. Es entstand ein Gruppenbild mit einem Drachen, einem Schloss, einer Prinzessin, die den Drachen an der Leine hielt, einem Prinzen mit Schwert und am Himmel ein aufziehendes Unwetter.

Kurze Zeit später entdeckte ich in einem *SZ-Magazin* einen Ausschnitt aus einem Gemälde, dessen Titel man erraten sollte. Er zeigte einen Drachen und eine Prinzessin, die ihn wie ein Schoßhündchen an der Leine hielt. Die Auflösung im nächsten Heft zeigte dann das gesamte Bild. Es hieß »Der heilige Georg mit Jungfrau und Drache« und stammte von dem florentinischen Renaissancekünstler Paolo Uccello, der es um 1450 gemalt hatte. Es war fast unglaublich: Nicht nur die Elemente, sondern auch die räumliche Anordnung stimmten mit unserem Märchenbild überein.

Als ich die Teilnehmerinnen beim nächsten Treffen fragte, ob eine von ihnen dieses Bild von Uccello schon einmal gesehen habe, verneinten sie dies alle. Sie waren ebenso wie ich überrascht, die Motive ihres gemeinsam kreierten Gemäldes in einem berühmten Kunstwerk wiederzuerkennen.

Den Hintergrund zu dem Gemälde von Uccello lieferte die Legende vom heiligen Georg, Allerdings wird in der Überlieferung die Leine von der Prinzessin erst angelegt, nachdem Georg den Kopf des Drachen mit seiner Lanze durchbohrt hat. Uccello hat diese beiden Szenen in einer gemalt, so dass der Eindruck entsteht, als gehe Georg auf ein zahmes Haustier zu.

Auch in unserem Märchenbild war in der Nachbesprechung nicht klargeworden, warum Georg den Drachen töten muss, denn es schien, als hätte die Prinzessin ihn schon gezähmt ...

Eine weitere geeignete Malübung ist die »Metamorphose in der Natur«. Durch die Auseinandersetzung mit einem Veränderungsprozess in der Natur werden Ihre eigenen Kräfte zur Veränderung mobilisiert. Sie können entscheiden, ob Sie drei, vier oder fünf Wandlungsstufen darstellen wollen. Für diese Übung eignen sich Wandlungs- und Wachstumsprozesse im Pflanzen- und Tierreich. Um Ihnen eine Anregung zu geben, finden Sie nachfolgend einige Beispiele:

- Samen in der Erde, Stengel mit Blättern, Knospe und Blüte.
- Laubbaum im Wechsel der vier Jahreszeiten.
- Obstbaum mit Blättern, Knospen, Blüten und Früchten.
- Hühnerei, aufbrechendes Hühnerei und ausschlüpfendes Küken.
- Ei, Raupe, Puppe und Schmetterling.
- Sie können auch die Verwandlungen einer Pflanze in Stufen darstellen wie zum Beispiel den Löwenzahn, der zur Pusteblume wird, oder die Heckenrose, die sich in eine Hagebutte verwandelt.

Reservieren Sie sich für das Ganze 60 bis 90 Minuten Zeit.
Beginnen Sie wieder erst nach einer kurzen Atem- oder Entspannungsübung.
Dann schließen Sie die Augen, und suchen Sie nach einer Metamorphose in der Natur, die Sie besonders beeindruckend finden. Betrachten Sie mit Ihrem inneren Auge die verschiedenen Wandlungsstufen. Welche Gefühle sind damit für Sie verbunden?
Dann öffnen Sie Ihre Augen, und kommen Sie mit drei tiefen Atemzügen wieder ganz ins Wachbewusstsein zurück.

Als Material empfehle ich drei bis fünf Zeichenblätter (25 mal 35 Zentimeter) und Farben Ihrer Wahl (Buntstifte, Kreiden, Wasserfarben oder Ähnliches).
Malen Sie die einzelnen Wandlungsstufen und legen Sie dann die fertigen Bilder in einer Reihe nebeneinander.
Mit folgenden Fragen zu Ihrer Bilderserie können Sie dann eine Verbindung zu Ihrem eigenen Veränderungsprozess herstellen.

Welche Kräfte werden benötigt, um den Wandlungsprozess zu bewirken, den Sie ausgewählt haben?
Bei einer Pflanze, die aus der Erde wächst, sind es zum Beispiel Sonne und Regen, die ihr zum guten Wachstum verhelfen. Ebenso kann der richtige Standort von Bedeutung sein.

Welche Art von Unterstützung benötigen Sie für Ihren eigenen Veränderungsprozess beziehungsweise auf welche Art von Unterstützung können Sie zurückgreifen?
Wenn Sie den Wandlungsprozess auf sich übertragen, auf dem wievielten Bild sehen Sie sich? Stehen Sie noch ganz am Anfang (zum Beispiel der Same) oder sind Sie schon mittendrin (zum Beispiel die Knospe)?
Nehmen wir zum Beispiel das Hühnerei: Erst einmal wird ein Ei gelegt, dann wird es ausgebrütet; und wenn das Küken herangereift ist, pickt es von innen die Schale auf und schlüpft aus. Im übertragenen Sinn wird eine Idee

erst einmal ausgebrütet, bevor sie so stark geworden ist, dass sie in die Tat umgesetzt werden kann.
Auf den Obstbaum bezogen wäre der Winter die Ruhephase, aus der heraus die Ideen entstehen. Dann folgt mit der Energie des Frühlings die Umsetzung in die Tat. Es zeigen sich mit den Blüten erste Erfolge. Der Sommer bringt die Früchte zutage, und im Herbst beginnt die Ernte.

Welche stärkenden Gefühle werden durch die Betrachtung der Bilder in Ihnen ausgelöst? Notieren Sie die Antworten in Ihrem »Schatzbuch«.

Helga, die als Kinderpflegerin in einem Kindergarten arbeitet, empfand beim Betrachten ihrer Bilderserie, die einen Baum im Wandel der Jahreszeiten darstellte, eine große Beruhigung und ein Gefühl von Sicherheit. Dies resultierte aus der Sichtweise, dass auf eine Stufe die nächste folgt und man auf diesen Kreislauf der Natur vertrauen kann. Sie erlebte dabei auch, dass gerade das Loslassen (das fallende Laub im Herbst) eine wichtige Stufe darstellte, damit wieder Neues heranreifen kann.
Auch in ihrem Berufsleben hat dies eine Bedeutung, denn sie muss sich jedes Jahr von Kindern verabschieden, die das Schulalter erreicht haben, während wieder neue nachrücken.

Collagen

Das Gestalten von Collagen eignet sich zum Beispiel, um lohnenswerte Ziele bildhaft darzustellen. So werden Sie, wenn Sie Ihre Collage an einem Ort aufhängen, an dem Sie diese täglich betrachten können, immer wieder aufs Neue motiviert.

Die beste Erfahrung habe ich mit Collagen gemacht, auf denen neben den Bildern Schlagworte oder Sätze mit aufgeklebt oder aufgeschrieben wurden, die die Aussage der Bilder verstärkten.

Wenn Sie zum Beispiel das Gefühl haben, dass Ihr Leben momentan sehr eintönig und freudlos verläuft oder Sie zurzeit von vielen Sorgen geplagt sind, lohnt sich das Gestalten einer »Freude-Collage«. Dadurch können Sie Ihren Geist in eine positive Richtung lenken. Auch wenn Sie dazu neigen, Frustgefühle mit Essen zu kompensieren, können Sie sich mit der »Freude-Collage« alternative Wege aufzeigen lassen.

Wichtig ist, dass Sie im Vorfeld genügend Zeitschriften sammeln, aus denen Sie passende Bilder aussuchen können. Falls Sie selbst selten Zeitschriften lesen, fragen Sie in Ihrem Freundeskreis, wer Sie mit Bildmaterial versorgen könnte. Bilder aus der Natur und für Freizeitaktivitäten finden Sie meist auch in Reiseprospekten. Man kann jegliches in Frage kommende Bildmaterial übers Jahr hinweg sammeln.

Am besten stimmen Sie sich dazu mit einer Phantasiereise ein (siehe auch Seite 59). Wie viel Material Sie brauchen, wird im Anschluss an diese Übung beschrieben.

Reservieren Sie sich für das Ganze etwa drei Stunden. Am besten richten Sie sich auf einen Nachmittag ein, an dem Sie sich ungestört den »Quellen der Lebensfreude« widmen können. Beginnen Sie wie gewohnt mit einer Atem- oder Entspannungsübung.

PHANTASIEREISE: QUELLEN DER LEBENSFREUDE

Setze oder lege dich ganz bequem in Rückenlage auf eine Matte am Boden. Spüre, wie der Atem in dich ein- und ausfließt wie sanfte Wellen, die kommen und gehen … Spüre, wie sich deine Bauchdecke beim Einatmen etwas hebt und beim Ausatmen wieder senkt … Ruhe und Gelassenheit strömen in dich ein und breiten sich in deinem ganzen Körper aus …
Und ganz langsam kannst du dich innerlich auf das Thema einstellen, nämlich auf die »Quellen der Lebensfreude« …

Als Erstes kannst du nachspüren, was dir in der Natur alles Freude bereitet. Wo zieht es dich am meisten hin? Vielleicht zu blühenden Wiesen oder Gärten, zu Flüssen oder Seen, zum Meer oder in die Berge – such dir in deiner Phantasie den Platz oder die Plätze aus, an denen du dich erfreuen kannst …x
Welche Orte oder Länder gefallen dir? Wo fühlst du dich am wohlsten? Wo findest du Menschen mit viel Lebensfreude? …x
Welche Art von Bewegung macht dir Spaß? Gehst du gern spazieren oder wandern, schwimmst du gern oder gehst

du lieber bergsteigen? ...x Tanzt du? ...x Oder welche andere Art von Bewegung bereitet dir Freude? ...x
Welche anderen Freizeitaktivitäten machen dir sonst Spaß? Gehst du gern ins Kino oder ins Theater, ins Konzert? ...x Gefällt dir Klassik oder bevorzugst du Popmusik – welche Art von Musik begeistert dich? ...x Gibt es ein Lieblingslied oder -stück? ...x
Welche kreativen Hobbys machen dir Spaß? Zeichnest oder malst du gerne? ...x Spielst du ein Musikinstrument oder singst du gern? ...x Hättest du vielleicht Lust, dich beim Theaterspielen zu erproben? ...x
Was könnte dir sonst noch Freude bereiten: ein gutes Buch lesen, ein entspannendes Bad oder eine Massage, mit der du dich verwöhnen kannst? ...x
Mit welchen Menschen bist du am liebsten zusammen? Was möchtest du mit ihnen gemeinsam erleben? ...x
Welche Art von Küche bevorzugst du? Liebst du italienisches, französisches oder griechisches Essen? Tendierst du zu asiatischer Küche oder magst du lieber deutsche Hausmannskost? ...x
Was gibt es, was dir Freude machen würde und was du schon lange aufgeschoben hast, weil du keine Zeit dafür hattest? ...x

Und dann spüre das Gefühl in dir, wie es ist, wenn du dir diese Dinge gönnst oder den Aktivitäten nachgehst, die Lebensfreude bei dir auslösen ...x
Und komm mit dem Wissen, was dir alles Freude bereitet, wieder ins Wachbewusstsein zurück.

Als Nächstes notieren Sie alle Dinge, die Sie herausgefunden haben, in Ihrem »Schatzbuch«. Anschließend können Sie die »Freude-Collage« anfertigen.

DAS GESTALTEN DER FREUDE-COLLAGE

Zur Anfertigung der »Freude-Collage« brauchen Sie Zeitschriften und Reiseprospekte, einen Bogen weißes dickes Papier (300 Gramm pro Quadratmeter, 50 mal 70 Zentimeter) oder eine runde Malpappe mit einem Durchmesser von 40 Zentimetern.
Sie benötigen eine Schere und einen Klebestift, einen Bleistift und bunte Filzstifte zum Schreiben. Außerdem Weinkorken, ein Messer, Reißzwecken und Powerstrips.

Dann beginnen Sie damit, passende Bilder aus den Zeitschriften auszuschneiden. Vielleicht finden Sie beim Suchen nach den Bildern auch noch weitere Aspekte zur Freude.
Die »Freude-Collage« wird in Form eines Glücksrads angefertigt. Schneiden Sie aus dem Papier einen Kreis von 40 Zentimetern Durchmesser aus. Dann teilen Sie die Scheibe mit dem Bleistift wie in Tortenstücke auf. Kleben Sie Ihre ausgeschnittenen Bilder in die einzelnen Bereiche, die Sie mit einem bunten Filzstift nach dem jeweiligen Themenbereich beschriften, zum Beispiel Natur, Sport, Wellness, Kultur oder Hobby.
Wenn Sie damit fertig sind, schneiden Sie von dem Korken eine dünne Scheibe ab, die Sie mit Hilfe einer Reißzwecke

an der Rückseite des runden Blattes befestigen. Dadurch lässt sich die Scheibe wie ein Glücksrad drehen.
An dem Korken wiederum sollten Sie einen Powerstrip anbringen, damit Sie Ihr Glücksrad an der Wand befestigen können.

4. Der Schlüssel zu Bewusstseinsprozessen

Wie Sie über sich und die Welt denken, ist das Ergebnis Ihrer Erfahrungen und beeinflusst maßgeblich Ihre Handlungsweise. Unabhängig davon, was in Ihrem Leben gerade geschieht, es kommt immer auf Ihre innere Einstellung an. Sie bewirkt, ob Sie sich gut oder schlecht fühlen, ob Sie zufrieden oder unzufrieden sind.
Die Bewusstseinsprozesse dienen dazu, eine optimistische Denkweise und Lebenseinstellung zu entwickeln. Sie helfen Ihnen, Blockaden und Hindernisse zu überwinden und stattdessen Talente und Fähigkeiten zu entdecken.
Ein Morgenritual, mit dem Sie sich bewusst auf Freude einstellen, sowie praktische Anleitungen und Beispiele, bei denen Sie lernen, die Kraft von Gedanken und Worten gezielt einzusetzen, unterstützen Sie auf diesem Weg.

Das Lust-statt-Frust-Prinzip

Diogenes soll einmal gefragt worden sein, wie es komme, dass er immer glücklich sei und worin dabei sein Geheimnis bestehe. Er antwortete: »Jeden Morgen, wenn ich aufwache, habe ich die Alternative, glücklich oder unglücklich zu sein. Ich entscheide mich eben für das Glücklichsein.«
Werden auch Sie zum kreativen Schöpfer Ihrer Gedankenwelt.

ÜBUNG: DIE INNERE EINSTELLUNG

Eine kleine Übung, mit der Sie sich morgens auf den Tag einstimmen können, ist, kurz nach dem Erwachen ganz bewusst Freude zu spüren.
Wenn Ihnen das schwerfällt, denken Sie an ein Erlebnis, das Ihnen in letzter Zeit Freude bereitet hat. Lassen Sie das Gefühl der Freude in jede Ihrer Körperzellen fließen und geben Sie sich zwei bis drei Minuten ganz dieser Vorstellung hin.
Möglicherweise finden Sie diese Übung unangebracht, weil die Lebensumstände, in denen Sie sich derzeit befinden, Ihrer Ansicht nach keinen Grund zur Freude zulassen. Doch gerade wenn Ängste und Sorgen einen Großteil Ihrer Gedankenwelt einnehmen, ist es wichtig, dass Sie sich einen Gegenpol schaffen, der Ihnen hilft, das innere Gleichgewicht wiederherzustellen.
Vielleicht machen Sie die Übung anfangs mit innerem Widerstand, weil Sie Ihnen unrealistisch erscheint, doch je

mehr sie zu einem festen morgendlichen Ritual wird, desto mehr Einlass bieten Sie der Freude auch in Ihrem weiteren Tagesgeschehen.

Öffnen Sie Ihre Augen auch für all die kleinen Dinge, die einen Grund zur Freude bieten. Kürzlich erlebte ich morgens in der U-Bahn ein kleines Mädchen, das mit voller Inbrunst das Lied vom »Bruder Jakob« sang, allerdings mit einer kleinen Variante. Anstatt »Hörst du nicht die Glocken?« sang sie: »Kannst mich lange suchen, findest mich ja ni-hicht.«
Man konnte förmlich spüren, wie sie ganz in diesem Lied aufging. Der Gesang des kleinen Mädchens brachte einige Menschen in der U-Bahn zum Schmunzeln. Trotzdem war ich überrascht, wie viele das gar nicht zu hören schienen und mit vollkommen ernstem Gesicht ihrer eigenen Gedankenwelt nachhingen.

Welches Drama sich in Ihrem Leben auch gerade abspielen mag, es gibt immer noch andere Schauplätze, an denen Sie sich erfreuen können.
Als meine Mutter mit einer schweren Kopfverletzung auf der Intensivstation im Krankenhaus lag, fragte mich eine Freundin, ob ich mit ihr einen Wellness-Abend mit Schwimmen und Sauna verbringen wollte. Obwohl ich meine Mutter an diesem Tag schon besucht hatte, überlegte ich ernsthaft, ob ich mir das denn erlauben dürfe.
Zum Glück habe ich mich dafür entschieden. Das Wichtigste war für mich dabei, mich ganz präsent zu erleben, das Wasser beim Schwimmen bewusst auf meiner Haut zu spüren, die wohlriechenden Düfte in der Sauna einzuatmen und mich

von den beruhigenden Klängen der Musik in einen angenehmen Zustand der Entspannung gleiten zu lassen. Diese im Vergleich wenigen Stunden haben mir für die nächsten Tage die nötige Kraft verliehen, meine Mutter in ihrem Heilungsprozess zu unterstützen.
Dieses Erlebnis hat mir besonders deutlich vor Augen geführt, dass das eigene Kraftschöpfen die Basis ist, um anderen zu helfen. Wahrscheinlich ist diese Erkenntnis nichts Neues für Sie, und mir war das theoretisch auch schon längst klar. Das Entscheidende jedoch ist, gerade in Zeiten, die mehr als den üblichen Einsatz verlangen, das eigene Auftanken auch wirklich nicht zu vergessen und die Freude am Leben zu spüren.

Ludwig van Beethoven schrieb die Melodie zu einem der berühmtesten Gedichte Friedrich von Schillers, der Ode »An die Freude«:

Freude heißt die starke Feder
in der ewigen Natur.
Freude, Freude treibt die Räder
in der großen Weltenuhr.
Blumen lockt sie aus den Keimen,
Sonnen aus dem Firmament.
Sphären rollt sie in den Räumen,
die des Sehers Rohr nicht kennt.

In der Klinik für Innere Medizin in Öschelbronn, in der ich ein kunsttherapeutisches Praktikum absolviert habe, trafen sich morgens vor Arbeitsbeginn Ärzte und Pflegepersonal zum ge-

meinsamen Morgenkreis, bei dem man sich zum Beispiel mit einem Lied wie diesem auf den Tag einstimmte.
Die innere Einstellung, mit der Sie den Tag beginnen, kann zu einem wertvollen Bestandteil Ihres Lebens werden. Nutzen Sie deshalb die Kraft Ihrer Gedanken, um das Bestmögliche aus jedem Tag herauszuholen.

Jeder Tag ist kostbar, deshalb verdient es jeder Tag, dass wir ihn bewusst erleben.
Jeder Tag ist ein Geschenk, deshalb lohnt es sich, dafür dankbar zu sein.
Jeder Tag ist ein neuer Anfang und bietet neue Erfahrungen.

Auch Erlebnisse, die uns unerwartet treffen und zunächst negative Gefühle in uns auslösen, können durch die Veränderung unserer Einstellung in neuem Licht erscheinen – sofern wir dazu bereit sind. Anhand eines Beispiels möchte ich Ihnen zeigen, wie das funktionieren kann.
Ich stand kurz vor meiner Abschlussprüfung zur Kunsttherapeutin. Bis auf das Brennen meiner Tonskulptur waren alle Vorbereitungen zur Prüfung abgeschlossen. Irgendwie hatte ich schon ein komisches Gefühl im Magen, während ich nach dem Brennen der Figur den Ofen öffnete. Doch dann konnte ich einen Schrei des Entsetzens nicht unterdrücken. Meiner Skulptur fehlten der Kopf und ein Teil vom Rücken. Ich sah meine Abschlussprüfung schon in Gefahr.
Dann atmete ich erst einmal einige Züge ganz tief durch, um die Gedanken in meinem Kopf aufzuhalten, die mich in ein schwarzes Loch zu ziehen drohten.
Das Nächste war, dass ich die einzelnen Teile aus dem Ofen

holte und mir einen Überblick verschaffte, wie schlimm das Ausmaß eigentlich war. Zum Glück waren zumindest der Kopf und das Gesicht einigermaßen heil geblieben.

Dann holte ich die Kunsttherapeutin zu Hilfe, in deren Atelier ich meine Abschlussarbeit angefertigt hatte, und bat sie um ihren Rat, was ich denn nun tun sollte. Gemeinsam besprachen wir die Vorgehensweise, und langsam wurde ich auch wieder ruhiger: in dem Moment nämlich, als es nicht mehr um das Problem, sondern um das Finden einer Lösung ging. Ich packte die Skulptur und die noch verwendbaren Einzelteile zusammen und besorgte mir eine Modelliermasse, die etwa dem Farbton der Skulptur entsprach, und Kitt zum Ankleben. Dann begann die Aktion: Ich füllte fehlende Stellen mit der Masse und setzte meiner Skulptur den Kopf wieder auf.

Nach der »Operation« sah man zwar, dass hier einiges gekittet wurde, aber als Ganzes wirkte die Skulptur wieder recht passabel.

Dann fiel mir folgender Vergleich dazu ein: Die Klienten, die in meine Praxis kommen, haben manchmal das Gefühl, nicht genügend Rückgrat zu besitzen oder den Kopf zu verlieren. Der Grund hierfür ist oft, dass sie unter einer inneren Verletzung leiden, die sie nicht zu verkraften glauben. Durch genügend Unterstützung können sie jedoch die stärkenden Anteile ihrer Persönlichkeit reintegrieren und im wahrsten Sinn des Wortes wieder Rückgrat zeigen. Deswegen kann man zwar die Verletzung nicht rückgängig machen, aber die Wunden weitestgehend heilen.

Diesen Vergleich erzählte ich auch bei der Präsentation meiner Abschlussarbeit. Im Nachhinein hatte ich dann sogar das

Gefühl, dass ich durch die Schilderung des Malheurs und die Verknüpfung, die ich mit meiner zerbrochenen Figur herstellen konnte, mehr Interesse bei den Zuhörern gefunden hatte, als wenn alles ohne Komplikationen verlaufen wäre.

Die Kraft der Gedanken

Manchmal gibt es Situationen im Leben, in denen wir uns hilflos fühlen, weil wir einem nahestehenden Menschen gern helfen möchten, aber keine Möglichkeit dazu sehen. Dies kann sowohl an der räumlichen als auch an einer persönlichen Distanz liegen. Mit persönlicher Distanz meine ich beispielsweise, wenn das vielleicht schon erwachsene Kind in Schwierigkeiten steckt, aber die Hilfe der Eltern strikt verweigert. Oder aber ein Mensch in unserer Umgebung ist schwer erkrankt, und wir können mit der Situation nicht richtig umgehen, weil wir uns damit vollkommen überfordert fühlen. Auch hier entsteht meist ein Gefühl der Hilflosigkeit.

Die Möglichkeit, die uns in allen Fällen immer zur Verfügung steht, ist die Kraft unserer Gedanken.

Sicherlich haben auch Sie es schon erlebt, dass Sie an einen bestimmten Menschen dachten und noch am selben Tag oder vielleicht sogar schon in der darauffolgenden Stunde einen Anruf von ihm erhalten haben.

Dies zeigt uns, dass Gedanken eine Energie besitzen. Wenn wir sie gezielt an jemanden aussenden, können sie dort auch aufgenommen werden.

DAS MÄRCHEN VOM KLEINEN GEDANKEN

Margret Brügger erzählt eine kleine märchenhafte Geschichte von einem »kleinen Gedanken«, der ausgesandt wurde, um zu helfen. Er schwebte über einer blühenden Bergwiese. Man konnte ihn nicht sehen. Nur für die Augen der Schmetterlinge, der Bienen und der anderen Tiere leuchtete er in einem tiefen Blau.
Er flog zu einem Enzian, bei dem er Kraft schöpfen wollte. Als dieser ihn fragte, woher er komme und warum er denn blau sei, antwortete er, eine Frau habe ihn am Morgen geschickt, um einem geliebten Menschen Gesundheit und Glück zu wünschen. Da sei er zum Himmel aufgestiegen und habe die Farbe des Himmels angenommen.
Bei seinem Flug begegnete er nur wenigen anderen blauen Gedanken, die wie er ihre Bahn zogen, aber sehr vielen, die hin und her sausten und sich im Kreise drehten, ganz dem Dunstkreis der Städte verbunden.
Als er in die Nähe der kleinen Stadt kam, in welcher der Kranke wohnte, wurde er von einem Raben gefressen. Aber ein Gedanke stirbt nicht, wenn man ihn aufschnappt. Im Gegenteil. Er macht sich breit. Der Rabe erlebte jedoch eine wundersame Veränderung: Er fühlte sich auf einmal wohl wie nie zuvor, und aus seinem Gekrächze wurde sogar eine wohlklingende Melodie.
Das Blau des Gedankens hatte sich bei dieser Begegnung weiter vertieft. Im Herzen des Raben war er weise geworden, ein wissender großer Gedanke, der nun den Kranken liebevoll umfing.

Der Kranke erfuhr das Glück der Blumenwiese, die Innigkeit des Enzians und die verwandelnde Weisheit, die der Gedanke im Herzen des Raben bewirkt und gewonnen hatte.
Ob der Kranke an diesem Glück gesund wurde, war schwer zu sagen. Aber sein Herz wurde es. Seine Träume und seine Gedanken über die blühenden Wiesen führten ihn bis zu einem liebenden Herzen und in das Herz des blauen Himmels.

Diese Geschichte habe ich schon mehrmals in meinen Gruppen »Malen nach inneren Bildern« vorgelesen. Im Anschluss stellt man sich vor, wie man selbst einen guten Gedanken an eine Person schickt, die man kennt. Danach wird dann die Reise des Gedankens oder eine Szene aus der Geschichte gemalt.
Alternativ kann auch das symbolisch dargestellt werden, was man an den Adressaten senden möchte, zum Beispiel Liebe, Gesundheit oder Kraft.
Eine Teilnehmerin erzählte mir vor kurzem, dass sie dieses Bild nach dem Malen zu Hause aufgehängt hatte und immer, wenn sie an ihm vorbeikam, einen liebevollen Gedanken auf die Reise zu ihrer Tochter schickte. Sie berichtete mir außerdem, dass sich seitdem sowohl das Befinden der Tochter als auch der Kontakt mit ihr gebessert habe. Ihr selbst gab das Bild das Gefühl, durch die positive Energie der Gedanken etwas bewirken zu können, und das tat ihr sehr gut.

Die Kraft der Worte

Haben Sie jemals über die Kraft der Worte nachgedacht, die Sie verwenden? Worte können sowohl motivierend als auch destruktiv wirken. Wie wir uns in einer bestimmten Situation fühlen, wird durch die Bedeutung bestimmt, die wir ihr verleihen. Die Worte, die wir wählen, um eine Angelegenheit zu beschreiben, verändern sofort, was diese für uns bedeutet, und damit, was wir dabei fühlen.

Welchen Unterschied finden Sie beispielsweise, wenn Sie etwas als ein Problem betrachten oder stattdessen als große Herausforderung sehen? Wenn Ihnen etwas misslingt, bestrafen Sie sich dann zusätzlich mit Ihren eigenen Worten?

Durch die Verwandlung negativer in positive Sprachmuster verändern wir auch unser Selbstbild. Sie können das einmal ausprobieren, indem Sie Beispiele aus Ihrem Sprachgebrauch wählen, die demotivierend auf Sie wirken, und dazu jeweils eine neue Variante entwickeln, die Sie anspornt. Was darunter zu verstehen ist, möchte ich Ihnen anhand einiger Beispiele darstellen.

Die Redewendungen »Ich bin dumm« oder »Das war ein Fehler«, nachdem etwas schiefgegangen war, habe ich aus meinem Sprachgebrauch verbannt. Meine Alternative, bei der ich mich trotzdem gut fühle, ist: »Das buche ich unter das ›Konto Erfahrungen‹.«

Dies gibt mir gleichzeitig den Anstoß, über eine neue Vorgehensweise nachzudenken, die mehr Erfolg verspricht. Zusätzlich hilft sie mir, das Gewesene schneller loszulassen.

Ein Bild, das mir dabei immer wieder vor Augen kommt, ist

eine Situation, die ich im Rahmen eines Tenniskurses erlebt habe. Als mir der Tennislehrer einen Ball zugeschossen hatte, den ich nicht erreichen konnte, schaute ich ihm noch einige Zeit nach, wie er da so ins Aus rollte. In der Zeit hatte mir der Lehrer allerdings bereits zwei weitere Bälle zugeschossen, die natürlich wieder ins Aus gingen.
Zunächst regte ich mich ziemlich auf, weil er nicht wartete, bis ich mich wieder umgedreht hatte. Das gehörte allerdings zu seinem Konzept, das mir sagen sollte: Es ist wichtiger, dem Kommenden Aufmerksamkeit zu schenken, als dem Verlorengegangenen nachzujammern.

Den Ausspruch »Ich krieg jetzt gleich die Krise« habe ich früher verwendet, wenn ich verzweifelt nach etwas suchte. Jetzt atme ich erst einmal ganz tief durch und sage mir: »Ganz ruhig, gleich werde ich es finden.« In der Regel finde ich das Gesuchte dann auch recht schnell.
Der ursprüngliche Satz führte in der Regel dazu, dass ich immer hektischer wurde. Selbst wenn ich am richtigen Ort suchte, habe ich das Objekt durch meine Fahrigkeit übersehen.

Ein weiteres Kriterium ist, negative Erfahrungen humorvoll umzuwandeln. Ein Erlebnis, an das ich in diesem Zusammenhang immer wieder gern zurückdenke und das mich daran erinnert, nicht zu perfekt sein zu müssen und auch mal über sich selbst zu lachen, hatte ich auf Hawaii. Bei einer Aufführung eines Hula-Tanzes, bei der mehrere hundert Zuschauer zugegen waren, kam eine Tänzerin in der ersten Reihe aus dem Takt. Als die Tänzerin das merkte, musste sie lachen. Obwohl sie versuchte, wieder in den Takt der Gruppe zu kommen, klappte es nicht, und sie musste noch mehr lachen. Selbst als sie am Ende der Aufführung von dem Podium stieg, lachte sie noch.

Ich fand es äußerst bemerkenswert, dass sie offensichtlich in keiner Weise das Gefühl hatte, etwas verpatzt zu haben, und einfach nur lachen musste, statt ärgerlich über ihren »Fehler« zu sein. Damit hatte sie nämlich auch noch erreicht, dass alle, die sie so herzhaft lachen sahen, selbst schmunzeln oder lachen mussten. Für mich wurde diese Aufführung jedenfalls zu einem unvergesslichen Erlebnis.

Vergessen Sie nicht den Humor. Laden Sie den Humor in Ihr Leben ein. Er ist einer der besten Wegbegleiter.

Affirmationen

Affirmationen sind lebensbejahende Glaubenssätze, die auf der Grundlage der Autosuggestion wirken. Begründer dieser Methode ist der französische Apotheker Émile Coué, der Ende des 20. Jahrhunderts die Macht der Autosuggestion entdeckte. Er studierte Psychologie und befasste sich eingehend mit Hypnose.

Durch die häufige Wiederholung wirken die Affirmationen auf das Unterbewusstsein und werden verinnerlicht. Coué empfahl, sich die formelhaften Leitsätze vor dem Einschlafen und nach dem Aufwachen zwanzigmal halblaut vorzusagen. Seiner Ansicht nach kann man große Erfolge mit dem folgenden Satz erzielen: »Es geht mir mit jedem Tag in jeglicher Hinsicht besser und besser.«

Oft hindern uns alte negative Gedankenmuster und Glaubenssätze daran, so zu leben, wie es uns wünschenswert erscheint. Mit den richtigen Affirmationen können wir zu einem neuen positiven Bewusstsein gelangen. Wichtig ist nur, dass wir die innere Bereitschaft haben, uns von alten, begrenzenden Mustern zu verabschieden, und den Mut, uns auf eine neue Denkweise einzulassen.

Damit die Affirmationen die beste Wirkung zeigen, sollten die Sätze kurz und prägnant, ohne Verneinung und nach Möglichkeit in der Gegenwartsform ausgedrückt werden. Sie können für alle Lebensbereiche angewandt werden.

Ich halte es für äußerst wichtig, eine Formulierung zu finden, mit der wir uns absolut wohl fühlen. Wenn wir innerlich schon eine Abneigung gegen den Satz verspüren, wird er uns erfahrungsgemäß auch nicht weiterbringen.

Nehmen wir beispielsweise einmal an, Sie haben nach vielen Versuchen noch immer nicht den richtigen Partner oder die richtige Partnerin gefunden und zweifeln stark daran, dass dieser Wunsch jemals erfüllt wird. Möglicherweise lautet Ihre Einstellung: »Ich falle immer wieder auf den Falschen/die Falsche rein.«

Der Satz »Ich habe die/den Richtige(n) gefunden« wäre dann zwar die positive Umkehrung, aber für viele zu weit hergeholt. Sie verspüren eine innere Sehnsucht, die sie nicht mit einem Satz befriedigen können, der ihnen vormacht, sie hätten ihr Ziel schon erreicht.

Eine alternative Formulierung wäre der Satz: »Ich finde die Frau/den Mann, mit der/dem ich glücklich bin.« Oder: »Ich ziehe die Frau/den Mann an, mit der/dem ich glücklich bin.« Beide Sätze regen uns dazu an, zu überprüfen, wel-

che Werte uns in einer Partnerschaft am wichtigsten erscheinen.
Wenn wir diese Sätze mit einem inneren Bild verbinden, können wir sie noch verstärken: Welche Bilder treten vor unser inneres Auge, wenn wir von einer glücklichen Partnerschaft sprechen?

Neben der Veränderung alteingeschliffener Gedankenmuster eignen sich die Affirmationen auch zur Unterstützung von Heilungsprozessen.
Nehmen wir einmal an, Sie seien krank und fühlten sich vollkommen elend. Der Satz, den Sie in einem solchen Zustand formulieren, lautet vielleicht: »Es geht mir total schlecht.«
Der Umkehrungssatz wäre: »Es geht mir gut.« Auch er kann unter Umständen schwerfallen, weil er in keiner Weise Ihrem wirklichen Empfinden entspricht. Der Satz »Es geht mir von Tag zu Tag (oder stündlich) besser« kommt Ihnen dagegen sicher leichter von den Lippen.

Ebenso wie Worte Einfluss auf uns selbst haben, so haben sie natürlich auch die entsprechende Wirkung auf andere. Sie können aufbauen wie auch verletzen. Deshalb sollten wir sehr achtsam im Gebrauch unserer Worte sein!
Wenn Kinder in die Schule kommen oder später ins Berufsleben eintreten, hören sie von vielen Erwachsenen zum Beispiel die Phrase »Jetzt beginnt der Ernst des Lebens«. Soll das etwa heißen, dass es ab diesem Zeitpunkt nichts mehr zu lachen gibt? Das wäre nämlich der Großteil unseres Lebens. Und wenn man dann in Rente geht, soll es plötzlich anders wer-

den? Dann hat man womöglich das Lachen schon verlernt, einmal ganz abgesehen davon, dass – wie es die Spatzen zynisch von allen Dächern pfeifen – viele durch ihre voraussichtliche wirtschaftliche Situation im Alter auch »nichts zu lachen« haben werden.

Es gäbe da eine wunderbare Alternative. Wir könnten die Kinder zum Schulanfang beglückwünschen und ihnen sagen, dass jetzt ein spannendes Abenteuer für sie beginnt. Wenn wir den Kindern vermitteln können, dass die Aneignung von Wissen und das Erlernen von Fähigkeiten wie Schreiben und Lesen Freude machen kann, dann geben wir ihnen die Chance, dass sie das Lernen als eine interessante und bereichernde Beschäftigung betrachten können. Wenn wir dagegen nur von Ernst und Pflichten reden, dann fördern wir eine Einstellung, die das Lernen als ein notwendiges Übel ansieht, mit dem man sich jahrelang herumschlagen muss.

Kürzlich ist mir ein ganz sinniges Kinderbuch in die Hände gefallen, das zu diesem Thema passt. Es handelt von einem kleinen Mädchen, das sechs Jahre alt wird und dem man erzählt, dass sie jetzt in die Schule kommt und der Ernst des Lebens beginnt. Sie überlegt, wie dieser Ernst wohl aussieht, ob es sich eventuell sogar um ein Monster handelt.

Der sechste Geburtstag wird wunderschön, und sie vergisst dabei den Ernst des Lebens. Sie kommt in die Schule, lernt schreiben und rechnen; sie malt und singt. Der Junge, der in der Bank neben ihr sitzt, ist sehr nett zu ihr. Er leiht ihr seine Buntstifte, und sie kann sich mit ihm wunderbar unterhalten.

Dieser Junge heißt Ernst, und sie ist sehr erleichtert, dass sie ihn jetzt kennengelernt hat: ihren Ernst des Lebens. Und sie beschließt, sich nie mehr von den Erwachsenen Angst machen zu lassen.

Die Wortseele

Der Japaner Masaru Emoto, der seit Anfang der neunziger Jahre die Eigenschaften von Wasser untersucht, hat in seinem Buch *Wasserkristalle* unterschiedliche Versuche beschrieben. Er will mit ihnen beweisen, dass Wasser lebt und die Fähigkeit hat, Gefühle und Informationen aufzunehmen und sich dadurch zu verändern.

Ein Versuch erregte meine besondere Aufmerksamkeit, und zwar füllte er das gleiche Wasser in zwei Flaschen. Auf die eine wurde ein Zettel mit dem Wort »Danke« geklebt, auf die andere ein Zettel mit dem Wort »Dummkopf«. Beide ließ er über Nacht stehen. In gefrorenem Zustand, in den er das Wasser am nächsten Tag gebracht hatte, war ein erheblicher Unterschied zwischen den Kristallen sichtbar. Der, der aus dem mit »Danke« beschrifteten Wasser entstanden war, sah im Gegensatz zu dem mit »Dummkopf« beschrifteten wunderschön aus.

Ein weiterer Versuch, der in diesem Buch beschrieben ist, wurde von einem Mitglied der International Friends of Hado (der Internationale Freundeskreis der Schwingungen) unternommen. Der Betreffende hatte in einem Artikel in der Hado-Zeitschrift über Emotos Versuch gelesen und selbst folgendes Experiment durchgeführt.

Er füllte gekochten Reis in zwei verschiedene Gläser mit Schraubverschluss. Das eine wurde mit einem »Danke-« und das andere mit einem »Dummkopf-Zettel« versehen. Seine zwei Kinder, beide im Grundschulalter, sagten jeden Tag, wenn sie aus der Schule kamen, zu dem einen »Danke« und zu dem anderen »Dummkopf«. Sie führten das einen Monat lang mit großem Engagement durch, weil auch sie der Versuch interessierte. Das Ergebnis war phänomenal. Der »Danke-Reis« hatte einen angenehmen Duft, und seine Farbe war cremig weiß geblieben. Der »Dummkopf-Reis« war schwarz geworden und stank so fürchterlich, dass er einen Niesreiz auslöste.

Als ich eines Tages bei einem Besuch meiner Tochter davon erzählte, wollte meine zu diesem Zeitpunkt fünfjährige Enkelin Lisa ebenfalls einen Versuch starten. Sie kam auf die Idee, es mit Apfelsaft auszuprobieren, der ebenfalls in zwei verschiedene Gläser gefüllt wurde. Da sie noch nicht schreiben konnte, kamen wir gemeinsam auf die Idee, statt Wörtern von ihr gemalte Bilder daraufzukleben. Ihr fiel auch gleich etwas ein.
Auf das eine Bild malte sie ein Herz und auf das andere ein »zerbrochenes Herz«. Zu dem einen wurden dann »liebe«, zu dem anderen »böse« Worte gesagt. Sie wollte allerdings nur den Part mit den lieben übernehmen, der mit den bösen blieb meiner Tochter vorbehalten.
Die zwei Gläser standen in der Küche. Es war ein heißer Sommer, da blieb es nur abzuwarten, wie lange sich der Apfelsaft halten würde. Nach zirka vierzehn Tagen bildete sich beim »bösen« Apfelsaft Schimmel. Der »liebe« sah immer noch normal aus und roch auch gut ...

Einen besonders gelungenen Versuch hat Emoto mit dem Schriftzug für Liebe und Dankbarkeit gemacht. Nach all den Schriftzeichen, die an die Flaschen geklebt wurden, war dies der schönste Kristall, der entstand.
Da der Mensch zu etwa siebzig Prozent aus Wasser besteht, können wir uns vor diesem Hintergrund vorstellen, wie wir und unsere Umgebung auf Worte reagieren.
Wenn wir mit der Einstellung von Liebe und Dankbarkeit in unser alltägliches Leben gingen, hätte wohl das ganze Wasser in unserem Körper – das Zellwasser, die Lymphflüssigkeit, das Blut und die Gehirnflüssigkeit – eine solch schöne Form.
Diese Vorstellung hat mich zu einer geführten Meditation angeregt, bei der die Liebe und Dankbarkeit zum eigenen Körper bewusst erlebt werden kann (siehe das Kapitel »6. Der KREAMIND-Prozess für Gesundheit und inneres Gleichgewicht«).

Dankbarkeit

Eileen Caddy, Mitbegründerin der Findhorn-Gemeinschaft, sagte einmal, Dankbarkeit helfe uns, zu wachsen und aufzublühen, und bringe »Freude und Lachen« in unser Leben sowie in das Leben all jener, die um uns sind.
Dankbarkeit ist meines Erachtens ein wesentlicher Faktor zum Glücklichsein. Sie bringt alles Wertvolle unseres Daseins ins Bewusstsein.

ÜBUNG IN DANKBARKEIT

Denken Sie einmal darüber nach, für was Sie alles dankbar sein können, und tragen Sie diese »Liste« in Ihr »Schatzbuch« ein. Sie werden staunen, wie viele Dinge es gibt, für die Sie dankbar sein können. Um Ihnen nur einige Beispiele zu nennen:

»Ich bin dankbar dafür, dass ich sehen, hören, fühlen, riechen und schmecken kann.«
»Ich bin dankbar dafür, dass ich gehen kann.«
»Ich bin dankbar dafür, dass ich eine Wohnung habe, in der ich mich wohl fühle.«
»Ich bin dankbar dafür, dass ich einen Beruf ausübe, der mir Freude bereitet.«
»Ich bin dankbar dafür, jeden Tag etwas lernen zu können.«
»Ich bin dankbar für jedes Lächeln.«
»Ich bin dankbar für die Begegnung mit anderen Menschen.«
»Ich bin dankbar, die Natur zu erleben, die mich immer wieder aufs Neue stärkt und erfreut.«
»Ich bin allen Kindern dankbar dafür, dass ich von ihnen lernen kann.«
»Ich bin dankbar dafür, dass ich genügend zu essen habe.«
»Ich bin dankbar dafür, dass ich mich auf meine Intuition verlassen kann.«

Ich habe mir auch angewöhnt, den Dank unmittelbar auszusprechen, sei es dem Verkäufer gegenüber, der mich gut beraten hat, oder einer Freundin, die mir aufmerksam zuhört.
Versuchen Sie es ebenfalls! Wenn Sie Ihren Dank mit einem Lächeln verbinden, das von Herzen kommt, werden Sie spüren, welche Freude damit verbunden sein kann. Auch hier gilt es, die vielen kleinen Erlebnisse wertzuschätzen, sei es, dass Ihnen jemand die Tür aufhält oder Ihnen im Supermarkt an der Kasse den Vortritt lässt, weil Sie es eilig haben. Entwickeln Sie Großzügigkeit, was Bedanken, Lächeln und gute Wünsche betrifft!
Egal, wem Sie morgens einen schönen Tag wünschen, sei es der Verkäuferin in der Bäckerei oder dem Zeitschriftenhändler: Jeder wird sich freuen, auch Sie selbst!

5. Der Schlüssel zu Körpererfahrungen

Um alte Gewohnheiten, festgefahrene Strukturen, Ängste und eingeprägte Muster abzulegen, müssen wir die ausgetretenen Pfade verlassen. Neue Wege zu gehen bedeutet, neben der geistigen Neuorientierung auch tatsächlich in Bewegung beziehungsweise »in die Tat« zu kommen.

Die Aktivierung der Körperenergie

Ein grundlegender Aspekt dazu ist die Aktivierung der Körperenergie. Übungen wie das Meridianeklopfen oder die sogenannten Fünf Tibeter unterstützen Sie dabei.
Beim Meridianeklopfen handelt es sich um eine Übung aus dem Qi Gong. Das Wort »Qi«, das in unterschiedlichen Schreibweisen existiert (zum Beispiel auch »Chi«), stammt aus dem alten China. Nach Auffassung der Traditionellen Chinesischen Medizin (TCM) ist das Qi, vereinfacht gesagt, unsere Lebensenergie. Gong heißt »Methode« oder »Weg«. Qi Gong ist also der Weg, sein Qi wahrzunehmen und zu stärken. »Meridiane« nennt man die feinstofflichen Bahnen, auf denen das Qi durch unseren Körper fließt. Es gibt Yin- und Yang-Meridiane. Yin und Yang sind zwei polare Kräfte, die nach taoistischer Auffassung durch ihr Wechselspiel und durch ihre Interaktion das gesamte Universum entstehen lassen. Yin ist zum Beispiel das Passive, Empfangende, Weiche, Weibliche; Yang ist das Aktive, Schöpferische, Männliche (womit keine moralischen oder sonstigen Wertungen verbunden sind).
Das Meridianeklopfen ist eine gute »Aufwachübung«. Es eignet sich sowohl für morgens als auch zwischendurch am Tag, wenn Sie eine Aktivierung benötigen.
Durch das aufmerksame Klopfen werden das Bewusstsein und das Qi durch den ganzen Körper gelenkt. Die kleinen Blutgefäße werden erweitert, die Muskeln aktiviert, und beim Klopfen auf den Kopf wird die Tätigkeit der Hirnzellen angeregt.

ÜBUNG: MERIDIANE KLOPFEN

(Mit freundlicher Genehmigung des ASS-Ausbildungsinstituts für Qi-Gong-Kursleiter in München)

Stellen Sie die Beine in etwa schulterbreit nebeneinander. Strecken Sie den linken Arm locker nach vorne aus, so dass die Handfläche nach oben zeigt. Beginnen Sie mit der rechten Hand den Verlauf der YIN-Meridiane abzuklopfen. Klopfen Sie mit der ganzen Handfläche, beginnend an der linken Schulter, den Innenraum abwärts bis zu den Fingerspitzen. Drehen Sie den linken Arm um, so dass die Handfläche nach unten zeigt, und klopfen Sie im Verlauf der YANG-Meridiane den Außenarm aufwärts bis zur Schulter. Dort klopfen Sie einige Male kräftig auf die Muskulatur, um Spannungen zu lösen.

Dann klopfen Sie ebenfalls mit der rechten Handfläche einmal kurz auf den Hinterkopf, einmal auf den höchsten Punkt des Kopfes und einmal auf die Stirn.

Dann folgt das Ganze auf der anderen Körperseite. Strecken Sie den rechten Arm nach vorne aus, so dass die Handfläche nach oben zeigt, und beginnen Sie mit der linken Hand die YIN-Meridiane abzuklopfen, beginnend an der rechten Schulter, den Innenarm abwärts bis zu den Fingerspitzen. Drehen Sie den rechten Arm um, so dass die Handfläche nach unten zeigt, und klopfen Sie im Verlauf der YANG-Meridiane den Außenarm aufwärts bis zur Schulter. Dort klopfen Sie ebenfalls einige Male auf die Muskulatur, die zum Nacken führt.

Dann klopfen Sie mit der linken Handfläche einmal kurz auf den Hinterkopf, einmal auf den höchsten Punkt des Kopfes und einmal auf die Stirn.
Danach legen Sie beide Handflächen so hoch wie möglich auf den Rücken und klopfen im Verlauf der YANG-Meridiane hinten und außen abwärts über die Beine bis zu den Fersen.
Legen Sie dann die Handflächen auf die Innenknöchel und klopfen Sie im Verlauf der YIN-Meridiane die Beine aufwärts bis zum Brustbein, auf das Sie mehrmals sanft klopfen.
Als Abschluss klopfen Sie mit der rechten Handfläche diagonal von der linken Schulter zum rechten Fußrücken und mit der linken Handfläche diagonal von der rechten Schulter zum linken Fußrücken.
Wiederholen Sie die gesamte Übung ein- bis dreimal. Die Festigkeit des Klopfens können Sie nach Bedarf variieren.

Bei den Fünf Tibetern handelt es sich um leicht erlernbare Körperübungen oder Riten. Sie stammen aus dem jahrhundertealten Erfahrungsschatz Tibets und helfen uns dabei, den Fluss unserer Lebensenergie zu aktivieren und zu harmonisieren.
Die Übungen tragen dazu bei, dass wir wieder gesünder, lebendiger und bewusster werden. Sie führen uns in unsere Mitte und verleihen uns Kraft und Energie, damit wir die geplanten Veränderungen in unserem Leben auch in die Tat umsetzen können.
Um ein unsachgemäßes Erlernen der Körperübungen zu ver-

hindern, empfehle ich Ihnen, sich von einem lizenzierten Trainer anleiten zu lassen. Darüber hinaus bietet das Buch *Die Fünf Tibeter* von Peter Kelder eine gute Einführung in die Übungen. Darin ist auch zu jeder der fünf Übungen eine Auswahl an Affirmationen enthalten, aus denen Sie sich jeweils diejenige heraussuchen können, die Ihrer augenblicklichen Situation und Ihren Bedürfnissen am ehesten entspricht. Vielleicht werden Sie dadurch auch angeregt, Ihre eigenen Affirmationen zu entwickeln, zum Beispiel:
»Meine Energie fließt frei.«
»Ich lebe bewusst aus meiner Mitte.«
»Ich stelle mich den Herausforderungen in meinem Leben.«
»Ich bin kraftvoll und lebendig.«
»Ich bin körperlich und geistig flexibel.«

Ein harmonischer Fluss unserer Lebensenergie verhilft uns neben der körperlichen Vitalität auch zu geistig-seelischem Wohlbefinden. Denn durch bewusstes Wahrnehmen mit all unseren fünf Sinnen können wir uns noch wacher und vitaler fühlen. Je differenzierter wir unser Dasein erleben, desto besser lernen wir unsere Vorlieben und Abneigungen kennen, und desto gezielter können wir erforschen, was es tatsächlich zu verändern gilt, damit wir zufrieden und glücklich werden.
Eine Seminarteilnehmerin, die morgens zur Steigerung der körperlichen Fitness regelmäßig joggt, erzählte mir beispielsweise einmal, dass sie beim Laufen immer gute Ideen hätte.
Sie schilderte dies folgendermaßen: »Ich begebe mich mit einer Frage (Problemstellung) auf den Weg, und während ich laufe, kommen die Ideen und fügen sich wie Teile bei einem

Puzzle an den richtigen Platz. So formen sich die einzelnen Gedanken zu einem fertigen Konzept. Beim Laufen sind mein Körper und meine Gedanken im Fluss. Ich komme so viel leichter zu einem Ergebnis, als wenn ich am Schreibtisch darüber nachdenke.«

Die Formen der Wahrnehmung

Wir erfahren die Welt durch unsere fünf Sinne und die dadurch ausgelösten Empfindungen. Gesunde Menschen verfügen also über fünf Wahrnehmungsmöglichkeiten:

- visuelle (durch das Sehen),
- auditive (durch das Hören),
- kinästhetische (durch das Fühlen),
- olfaktorische (durch das Riechen) und
- gustatorische (durch das Schmecken).

Alle Erfahrungen, die wir in unserem Gehirn gespeichert haben, werden durch unsere Sinne repräsentiert.

Um herauszufinden, ob Sie in der Hauptsache ein visueller (v), auditiver (a), kinästhetischer (k), olfaktorischer (o) oder gustatorischer (g) Wahrnehmungstyp sind, eignen sich die folgenden Übungen.

ÜBUNG: DEN WAHRNEHMUNGSTYP DURCH ERINNERUNG ODER VORSTELLUNGSKRAFT ERMITTELN

Setzen Sie sich möglichst gerade auf Ihren Stuhl. Spüren Sie Ihre Füße auf dem Boden und atmen Sie ruhig und gleichmäßig. Schließen Sie die Augen und denken Sie an Ihre letzte Urlaubsreise oder einen Ausflug und lassen Sie die damit verbundenen Eindrücke noch einmal Revue passieren.
Versuchen Sie sich an möglichst viele Details zu erinnern. Im Anschluss beantworten Sie bitte folgende Fragen:

Haben Sie Farben erkennen können? (v)
Haben Sie Stimmen oder Geräusche wahrgenommen? (a)
Haben Sie körperlich etwas gespürt, zum Beispiel die Lufttemperatur oder aber ein Gefühl von Leichtigkeit, Freiheit und so weiter? (k)
Hat ein Geruch (o) oder ein Geschmack (g) eine besondere Rolle gespielt?

Aber nicht nur die Erinnerung spiegelt uns das System in den Sinn, mit dem wir hauptsächlich wahrnehmen, sondern auch die Vorstellung der Zukunft. Sicherlich haben Sie schon einmal von einer bevorstehenden Reise geträumt, obwohl sie erst einige Monate später stattfinden sollte. Nehmen wir beispielsweise eine Reise in die Karibik und die unterschiedlichen Visionen dazu:

Der visuelle Typ wird von den leuchtenden Farben eines Sonnenuntergangs, dem türkisblauen Meer, weißem Sand und einer paradiesischen Vegetation träumen.

Der auditive Typ wird das Rauschen des Meeres hören, die exotischen Vogellaute oder die mitreißenden Klänge der Salsa-Musik.

Der kinästhetische Typ spürt schon den warmen Sand unter seinen Füßen, das angenehm warme Wasser des Meeres – und den warmen Wind auf seiner Haut.

Der olfaktorische Typ riecht die salzige Meeresbrise, den schweren süßlichen Blütenduft, das Essen, das im Freien gebraten wird, und die Gewürze auf dem Markt.

Der gustatorische Typ schmeckt schon die saftigen Früchte, die frischen Meeresfische und die feinen Cocktails.

Wahrscheinlich werden Sie sich in einem oder zwei der drei erstgenannten Sinne wiederfinden, also im visuellen, auditiven oder kinästhetischen. Falls Sie dann noch unsicher sind, können Sie sich auch mit Hilfe des Sprachgebrauchs orientieren.

DEN WAHRNEHMUNGSTYP ANHAND DER SPRACHE ERMITTELN

Welche der im Folgenden aufgeführten Sätze nutzen Sie am ehesten?

»Es sieht gut aus.« (v)
»Es hört sich gut an.« (a)
»Ich habe ein gutes Gefühl.« (k)

»Ich verschaffe mir einen Überblick.« (v)
»Ich benötige eine klare Aussage.« (a)
»Ich verschaffe mir einen Gesamteindruck.« (k)

»Das kann sich sehen lassen.« (v)
»Das kann sich hören lassen.« (a)
»Das ist sehr beeindruckend.« (k)

»Ich fühle mich beachtet.« (v)
»Ich fühle mich verstanden.« (a)
»Ich fühle mich angenommen.« (k)

»Ich habe blindes Vertrauen.« (v)
»Ich erledige etwas stillschweigend.« (a)
»Das mache ich, ohne mit der Wimper zu zucken.« (k)

»Da fehlt mir der Durchblick.« (v)
»Das habe ich nicht verstanden.« (a)
»Das begreife ich nicht.« (k)

»Das habe ich übersehen.« (v)
»Das habe ich überhört.« (a)
»Das ist mir entgangen.« (k)

»Das sind gute Aussichten.« (v)
»Das ist Musik in meinen Ohren.« (a)
»Das ist Balsam für meine Seele.« (k)

»Es ist schön, dich zu sehen.« (v)
»Es ist schön, mit dir zu sprechen.« (a)
»Deine Nähe tut mir gut.« (k)

Wenn wir mit fremden Menschen sprechen, fühlen wir uns manchmal unverstanden oder sofort auf einer Wellenlänge mit ihnen. Das kann daran liegen, dass wir verschiedene oder gemeinsame Sprachmuster verwenden.
Je mehr unterschiedliche Sinne Sie durch Ihre sprachliche Ausdrucksweise ansprechen, desto mehr Aufmerksamkeit werden Sie gewinnen.

Körperliche Ausdrucksform

Unsere Körperhaltung, Gestik und Mimik, die Art unserer Bewegung und unsere Stimmlage spiegeln wider, wie wir uns innerlich fühlen.
Wenn wir beispielsweise niedergeschlagen und mutlos sind, kann das etwa so aussehen: Unsere Schultern sind ohne Spannung und nach vorn gebeugt. Unser Gang erscheint mühsam

und schleppend. Der Blick ist gesenkt, der Händedruck lasch. Unsere Stimme klingt leise und verhalten.
Mit dieser Haltung fällt es schwer, kompetent oder gar überzeugend zu wirken. Wenn wir nun unsere Körperhaltung bewusst verändern, werden wir spüren, dass sich dadurch auch unsere Stimmungslage bessert.

ÜBUNG: DIE KÖRPERHALTUNG ÄNDERN

Atmen Sie einige Male tief in Ihren Bauch. Ziehen Sie Ihre Schultern nach hinten, so dass Sie gerade und aufrecht stehen. Spüren Sie die Kraft in Ihrer Wirbelsäule. Richten Sie den Blick geradeaus. Lächeln Sie!
Dann gehen Sie einige Schritte, wobei Sie kraftvoll auftreten.
Wie fühlen Sie sich jetzt? Fühlen Sie sich immer noch so niedergeschlagen, oder hat sich etwas verändert?

Je mehr wir unsere körperliche Ausdruckskraft in eine positive Richtung verändern, sei es durch unsere körperliche Haltung, durch Mimik, Gestik oder Sprache, desto mehr überzeugen wir durch unser Auftreten.

6. Der Schlüssel zu Naturerfahrungen

Wenn wir uns in der Natur aufhalten, hat dies automatisch eine Wirkung auf uns. Ob wir unsere Aufmerksamkeit nun darauf richten oder nicht, werden wir etwa durch das Grün eines Waldes in aller Regel beruhigt.

Die Natur als Spiegel

Wir können die Natur allerdings auch bewusst wie einen großen Spiegel auffassen, in dem wir unterschiedliche Facetten unserer Persönlichkeit entdecken. Johann Wolfgang von Goethe beschrieb dies folgendermaßen:

Müsset im Naturbetrachten
immer eins wie alles achten:
nichts ist drinnen, nichts ist draußen,
denn was innen, das ist außen.
So ergreifet ohne Säumnis
heilig öffentlich Geheimnis.

Schauen Sie bei Ihrem nächsten Aufenthalt in der freien Natur einmal genau hin und versuchen Sie herauszufinden, für welche Eindrücke Sie am empfänglichsten sind, etwa wie in der folgenden Übung vorgeschlagen.

ÜBUNG: DER ETWAS ANDERE SPAZIERGANG

Nehmen Sie sich Zeit für einen etwa einstündigen Spaziergang in der Natur. Sie können allein, zu zweit oder in einer Gruppe gehen.

Gehen Sie schweigend und bleiben Sie hin und wieder stehen, um eine Blüte, einen Baum, einen Vogel oder was sonst Ihren Blick anzieht zu betrachten und auf sich wirken zu lassen. Wenn Sie zu zweit oder in einer Gruppe unterwegs sind, können Sie gemeinsame Pausen zur Betrachtung einlegen.

Unterstützen Sie dieses Betrachten möglichst auch durch weitere Sinne: Spüren Sie mit der Hand die Rinde des Baums, streichen Sie zart über ein Blatt, riechen Sie den Duft einer Blüte und lauschen Sie dem Zwitschern der Vögel oder dem Rauschen des Windes in den Bäumen. Versuchen Sie mit all ihren Sinnen in die Landschaft, die Sie gerade umgibt, einzutauchen und eine gefühlsmäßige Verbindung dazu aufzubauen.

Was erwecken zum Beispiel der Anblick und der Duft einer Blüte in Ihrem Herzen? Was empfinden Sie, wenn Sie die dicken Wurzeln eines Baums betrachten oder Ihren Rücken an seinen Stamm lehnen? Welche Assoziation verbinden Sie mit einem Schmetterling, der durch die Lüfte flattert?

Es gibt so vieles in der Natur, was sich einmal näher in Augenschein zu nehmen lohnt.

Notieren Sie Ihre Erfahrungen in ein Heft, das Sie für solche Ausflüge dabeihaben, und übertragen Sie sie dann daheim in Ihr »Schatzbuch«.

Je öfter Sie dieses »Naturempfinden« für sich üben, desto sensibler werden Sie im Umgang mit sich selbst.
Wenn Sie herausgefunden haben, was Sie in welcher Hinsicht stärken kann, dann können Sie Ihre Spaziergänge auch dementsprechend lenken und Orte aufsuchen, die Sie mit dem Gefühl von innerer Ruhe, Kraft, Freude oder was Sie gerade benötigen verbinden.
Dazu fällt mir als Beispiel ein Baum im Nymphenburger Schlosspark ein, dessen Blätterwerk so ausladend gewachsen ist, dass man sich geborgen und wohlbehütet fühlt, wenn man unter seinem Dach steht.

Über die Jahrtausendwende befand ich mich auf den Spuren von Franz von Assisi an den Orten seines Wirkens. Bruce Davis, der das Seminar leitete, empfahl uns, alle wunderbaren landschaftlichen Eindrücke in uns aufzunehmen so wie Essen und Trinken und es als Nahrung zu betrachten.
Zu den wunderbaren Eindrücken gehörte für mich allerdings nicht nur der von den Farben her intensivste Sonnenuntergang, den ich jemals erlebt habe. Die kleinen Blumen am Wegesrand waren ebenso bedeutungsvoll – vielleicht sogar noch mehr, denn dadurch wurde mir bewusst, dass auch vom kleinen unscheinbaren Blümchen eine große Wirkung ausgehen kann. Der Sonnenuntergang, wie ich ihn erlebt habe, schien mir wirklich einmalig zu sein, ihn trage ich auch weiter in meinem Herzen. Die Blümchen am Wegesrand allerdings geben mir fast täglich die Möglichkeit, sie anzusehen und mich an ihnen zu erfreuen, und ich habe von Jahr zu Jahr mehr gelernt, ihnen meine Aufmerksamkeit zu schenken und sie mit Liebe zu betrachten.

Wenn ich dann meinen Weg fortsetze, spüre ich fast immer eine Veränderung in mir: Ich spüre Glück und Dankbarkeit.

Die Blümlein am Wegesrand stehen symbolisch natürlich auch für alle anderen Dinge, die die Natur täglich »am Wegesrand« für uns bereithält. Seien wir offen und widmen wir ihnen ein wenig mehr unserer ach so kostbaren Zeit!
In dieser Hinsicht können wir sehr viel von kleinen Kindern lernen, die die Welt und somit die Natur jeden Tag aufs Neue entdecken. Ich bin froh und dankbar, dass ich sowohl durch meine Enkel als auch durch andere Kinder, die ich hin und wieder betreue, an diesen Erfahrungen teilhaben darf. Sie helfen mir dabei, mit kindlichen Augen zu sehen.
Mit der folgenden Geschichte möchte ich Ihnen zeigen, was ich damit meine. Nicht umsonst heißt es in der Bibel: »Werdet wie die Kinder, denn ihrer ist das Himmelreich.«

NATÜRLICHE WUNDER

Der kleine Fridolin war ein sehr aufgewecktes kleines Kind von knapp drei Jahren. Seine besondere Vorliebe galt den Spaziergängen in der Natur, von denen er gar nicht genug bekommen konnte. Seine Mutter musste des Öfteren mit ihm stehenbleiben, weil er ständig etwas Besonderes gesehen oder gehört hatte. Mit seinen großen Kinderaugen entdeckte er nämlich jeden Tag etwas Neues.
Am meisten begeisterte ihn das Zwitschern der Vögel; und so war es nicht verwunderlich, dass er immer wieder

plötzlich wie angewurzelt unter einem großen Baum stehenblieb und andächtig den verschiedenen Vogelstimmen lauschte. Die Vögel schienen ihrerseits Gefallen an Fridolin zu finden, denn es passierte nicht selten, dass sie aus den Wipfeln der Bäume zu ihm hinuntergeflogen kamen, auf einem unteren Ast landeten und ihm aus voller Kehle eine Strophe nach der anderen vorsangen. Dann begann sich in Fridolins Gesicht ein Lächeln auszubreiten, und seine Augen begannen in einer Kraft zu leuchten, die der Sonne Konkurrenz machte.
Wenn in diesen Augenblicken Spaziergänger des Weges kamen und in diese strahlenden Kinderaugen sahen, wurden ihre Schritte wie von magischer Hand angehalten, und sie hörten auf einmal ganz bewusst das Vogelgezwitscher ringsherum. Mit Erstaunen stellten sie fest, dass sie sich wie verzaubert fühlten. Wenn sie dann ihren Weg fortsetzten, verspürten sie in ihrem Inneren ein Gefühl von tiefer Freude, so als würde in ihrem Herzen ein Vogel zwitschern und ein Lächeln auf ihr Gesicht zaubern. Das ist die Erklärung, warum so viele Besucher des Parks lächeln, wenn Fridolin mit seiner Mutter im Park spazieren geht. Sicher begegnen Sie ihm bald einmal!

Wenige Wochen nachdem ich diese Geschichte geschrieben hatte, kam ich im Rahmen meiner Kinderbetreuung, die ich nebenbei ausübte, zu einer Mutter mit einem eineinhalbjährigen Jungen namens Anthony. Sie schlug vor, mit ihm im Park spazieren zu gehen, weil ihm das so viel Freude bereitete. Was ich dann erlebte, war für mich wirklich fast wie ein Wunder.

Obwohl er noch nicht sprechen konnte, teilte er mir seine Verbundenheit zur Natur mit. Er rannte zu einem Teich, setzte sich auf die Stufen davor und gab mir mit einer einladenden Geste zu verstehen, dass ich mich danebensetzen solle. Er jauchzte laut vor Freude, als er die Enten und Schwäne erblickte, und seine Augen strahlten so glücklich, dass mein Herz sofort davon erfasst wurde.
Ich bin sehr dankbar, dass Anthony mir begegnet ist. Dieses Erlebnis hat mir auch wieder einmal gezeigt, dass das, was wir mit unseren Gedanken anziehen, Wirklichkeit werden kann.

Das Sammeln von Naturgegenständen

Legen Sie sich eine kleine Sammlung von unterschiedlichen Gegenständen aus der Natur an. Achten Sie bei Ihren Spaziergängen, auf Wanderungen und im Urlaub darauf, was so alles auf der Erde liegt. Sie können auch ganz gezielt eine Wanderung zum Sammeln unternehmen.
Wenn Ihnen etwas Besonderes auffällt, nehmen Sie es für Ihre Sammlung mit. Dazu eignet sich alles, was nicht verwelken kann.
In meiner Sammlung befinden sich zum Beispiel Kiefernzapfen und Zapfen von Zypressen, kleine abgebrochene Zweige, Palmkätzchen, Baumrinde, Moos, Kieselsteine, Muscheln, Schneckenhäuser, Gräser und Ähren sowie Vogelfedern.
Alle diese Dinge wecken Assoziationen in uns.

Ich verwende diese Naturgegenstände in meinen Seminaren des Öfteren als Einstieg. Dazu lege ich unterschiedliche davon auf die einzelnen Plätze, und die Teilnehmer suchen sich den Platz danach aus, welches dieser Stücke sie am meisten anzieht. Bei der Vorstellungsrunde soll dann jeder erklären, was ihm daran besonders gefällt.

ÜBUNG: NATUR BE-GREIFEN

Wenn Sie sich intensiver mit den einzelnen Gegenständen aus der Natur befassen wollen, dann legen Sie sich zum Beispiel einen Stein, einen Grashalm oder eine Feder bereit.
Nehmen Sie jeden Gegenstand einzeln in die Hand und schließen Sie die Augen. Versuchen Sie, zunächst mit Ihren Händen zu be-greifen, was Sie dabei fühlen.
Danach können Sie die Augen wieder öffnen und alle positiven Eigenschaften notieren, die Ihnen dazu spontan einfallen.
Wenn Sie damit fertig sind, bilden Sie Sätze zu den einzelnen Eigenschaften, indem Sie »Ich bin ...« davorsetzen.
Sie werden überrascht sein, was dabei zutage kommt.

Manchmal lege ich die Naturgegenstände auch in eine Schale, und jeder darf sich etwas mit einer bestimmten Fragestellung dazu herausnehmen. Die Fragen können zum Beispiel lauten: »Was kann Ihnen Kraft geben?«, »Was kann Ihnen helfen, Ihr Ziel zu erreichen?« oder »Was kann Sie beim Loslassen unterstützen?«
Sie können mit diesen Fragen im Sinn ebenso gut direkt in die

Natur gehen und sich bei einem Spaziergang als Antwort einen Gegenstand aus der Natur suchen. Wenn Sie etwas gefunden haben, notieren Sie sich die positiven Eigenschaften des Objekts. Im Anschluss versuchen Sie eine Verbindung zu sich und Ihrer Fragestellung herzustellen.

Eine Teilnehmerin, die sich zum Thema »Was hilft mir beim Loslassen?« eine Vogelfeder ausgesucht hatte, entdeckte darin zum Beispiel folgende Eigenschaften: schillernd, zart, stark, geschmeidig, kraftvoll, widerstandsfähig, schön, nützlich, glänzend, geheimnisvoll.
In ihrem Fall ging es darum, einem ehemaligen Partner, der immer wieder telefonisch Kontakt mit ihr aufnahm, zu sagen, dass sie dies nicht mehr wollte, weil es ihr nach den Gesprächen jedes Mal schlecht ging. Bisher hatte sie nicht gewagt, ihm das zu sagen, weil sie dachte, es könne ihn zu sehr verletzen.
Insbesondere die Kombination »zart, jedoch gleichzeitig stark und widerstandsfähig« bestärkte sie in dem Entschluss, ihm einen höflichen, aber bestimmten Brief zu schreiben. In diesem Brief stand, dass sie keine Anrufe mehr wünsche und ihn bitte, ihren Wunsch zu respektieren.
Nach dieser Maßnahme, die tatsächlich den erhofften Erfolg brachte, fühlte sie sich sehr erleichtert.

Damit Sie einen leichteren Zugang zur Symbolik in der Natur erhalten, finden Sie in der folgenden Übersicht eine alphabetische Auflistung mit möglichen Bedeutungen. Die jeweiligen Erklärungen entstammen sowohl den gängigen Symboldeutungen als auch den spezifischen Erfahrungen, die bei Imaginationen und dem Malen der Natursymbole gemacht wurden (siehe auch das Kapitel »3. Der Schlüssel zum kreativen Ausdruck«).

SYMBOLE IN DER NATUR

Acker: *In der Imagination kann ein Acker zweierlei Bedeutungen haben. Zum einen kann er auf den Beginn einer fruchtbaren Lebensphase hinweisen, zum anderen kann er auch andeuten, dass etwas bearbeitet werden muss.*

Bach: *Der Bach entspringt einer Quelle. Es kommt etwas ins Fließen. Ein Gebirgsbach kann sowohl Klarheit und Reinheit widerspiegeln als auch mit Munterkeit und Lebendigkeit in Verbindung gebracht werden. Lauschen Sie einmal ganz bewusst dem Plätschern eines Bachs und hören Sie, was er Ihnen zu sagen hat.*

Baum: *Der Baum gilt als ein uraltes archetypisches Symbol des Lebens. Er ist durch seine Wurzeln mit der Erde verbunden und wächst zum Himmel. Durch seine Veränderung in den vier Jahreszeiten ist er auch ein Symbol des Wandels.*

Der Baum hat sowohl eine männliche wie auch eine weibliche Natur. Der männlich-phallische Aspekt (Stamm, Festigkeit) kommt eher in einem Nadelbaum wie zum Beispiel einer Zypresse zum Ausdruck, während der weibliche Aspekt mehr bei den Wipfeln der Laub- und Obstbäume sichtbar wird. Daneben gibt es auch noch einen mütterlichen Aspekt. Er spendet Schutz und Schatten und liefert Früchte zur Nahrung.

Den »inneren Kraftbaum« zu entdecken ist eine spannende Geschichte. Da die unterschiedliche Bedeutung der einzelnen Bäume ein ganzes Buch füllen würde, rate ich Ihnen, neben dem Imaginieren und dem gefühlsmäßigen Erleben in der Natur sich auch durch entsprechende Literatur weitere Informationen zu Ihrem inneren Kraftbaum zu verschaffen.

Berg: *Der Aufstieg auf einen Berg muss gut vorbereitet sein. Die Aussicht von einem Gipfel verschafft einen Überblick. Der Berg verkörpert Beständigkeit und Festigkeit.*

Blatt: *Das Blatt ist ein Symbol für Wachstum und Erneuerung. Grüne Blätter stehen für Hoffnung. Das sprossende Grün der Blätter im Frühling weckt neue Energien. Herbstliche Blätter können mit dem Prozess des Loslassens in Verbindung gebracht werden.*

Blitz: *Der Blitz kann auf etwas geistig Erhellendes, eine plötzliche Offenbarung hinweisen.*

Blume: *Blumen zeigen besonders deutlich die individuelle Schönheit. Eine Knospe verweist auf Entfaltung und die geöffnete Blüte auf ihre ganz besondere Ausstrahlung.*

Dschungel: *Der Dschungel trägt den Hauch des Abenteuers in sich. Hier findet üppiges Wachstum statt. Es kann sein, dass man sich erst einmal einen Weg bahnen muss, um durchzukommen.*

Erde: *Die Erde ist das universelle Urbild für Fruchtbarkeit, unerschöpfliche Kreativität und Nahrung. Sie gibt uns den Boden, der uns trägt. Der Kontakt mit dem Boden gibt Standvermögen. In der Tiefe der Erde finden wir verborgene Schätze.*

Fels: *Der Fels steht für Beständigkeit und Stabilität. Er kann aber auch darauf hindeuten, man solle zu starre Meinungen oder Verhaltensweisen durchbrechen, um sich mehr Möglichkeiten erschließen zu können.*

Fluss: *Der Fluss ist durch sein ständiges Fließen immer in Bewegung. Er ist ein Symbol für Zeit und Vergänglichkeit. »Im Fluss zu sein« bedeutet, zügig voranzukommen. Es heißt aber auch, sich dem Leben anzuvertrauen.*

Frucht: *Die Frucht ist das Ergebnis eines Reifeprozesses. Man spricht auch von den »Früchten«, wenn der Erfolg gemeint ist.*

Gras: *Die Erde, auf der grünes Gras wächst, trägt die Hoffnung in sich.*

Himmel: *Der blaue Himmel spiegelt die unendliche Weite wider. Das Schauen in die Weite des Himmels vermittelt ein Gefühl von Offenheit und Freiheit.*

Höhle: *Die Höhle kann Schutz und Geborgenheit bieten. Sie wird auch mit dem mütterlichen Schoß in Verbindung gebracht. In den Märchen haben Höhlen etwas Magisches an sich.*

Meer: *Das Meer gilt als Quelle allen Lebens. In der Imagination ist es ein Symbol des Unbewussten. Es bringt uns mit der Kraft des Wassers in Berührung.*

Mineralien: *Gold und Edelsteine werden mit dem inneren Reichtum in Verbindung gebracht. Die jeweilige Farbe bietet weitere Deutungsmöglichkeiten.*

Mond: *Der Mond ist dem Ewigweiblichen zugeordnet. Er ist ein Symbol für den Rhythmus zyklischer Zeit. Durch die einzelnen Phasen steht er auch für fortwährende*

Erneuerung. Er stellt den geistigen Aspekt des Lichts in der Finsternis dar.

Moos: *Das Besondere am Moos ist, dass es einerseits ganz weich ist und nachgibt, wenn wir darauf laufen, sich dann aber auch wieder ganz aufrichtet. Sanft über Moos zu streichen bringt uns mit unserer eigenen Sanftheit in Berührung und weckt liebevolle Gedanken.*

Morgentau: *Die Tropfen des Morgentaus glitzern wie Edelsteine in der Sonne. Barfuß auf einer Sommerwiese wird die Berührung mit dem Morgentau zu einem besonderen Erlebnis von Frische.*

Nebel: *Der Nebel hat einen verhüllenden oder verschleiernden Aspekt. Von einem plötzlich einsetzenden Nebel überrascht zu werden heißt innezuhalten, bis der Blick wieder frei wird.*

Quelle: *Die Quelle ist das Wasser des Lebens. Mit seiner inneren Quelle in Berührung zu sein bedeutet, in Verbindung mit der Urkraft des Lebens zu stehen. Sie ist ein Symbol für Reinheit. Eine sprudelnde Quelle kann auch für sprudelnde Ideen stehen.*

Regen: *Der Regen ist ebenso wie die Sonne ein Fruchtbarkeitssymbol. In der Imagination steht er überwiegend für eine geistige Befruchtung im Sinne neuer und schöpferischer Ideen. Der Regen hat auch den Aspekt der Reinigung.*

Regenbogen: *Im Regenbogen sind alle Farben des Lichtspektrums enthalten. Er stellt die Begegnung von Himmel und Erde dar. Einen Regenbogen zu sehen oder unter einem Regenbogen zu stehen wird meist als ein besonderes Glücksgefühl erlebt. Ich nutze dieses Bild in* *der Imagination auch gern, wenn es darum geht, sich seiner Herzenswünsche bewusst zu werden.*

Sand: *Im Gegensatz zur Festigkeit der Erde ist der Sand ein Symbol von Instabilität. Sand gibt nach, wenn man auf ihm läuft. Er verändert seine Form. Im warmen Sand am Meer zu gehen erzeugt ein wohliges Gefühl.*

See: *Der See spiegelt Ruhe und Tiefe wider. Am Ufer eines Sees zu sitzen und das regelmäßige Plätschern der Wellen zu hören wirkt sehr beruhigend.*

Sonne: *Die Sonne versinnbildlicht eine produktive schöpferische Energie. Sie schenkt uns Licht und Wärme. In der Imagination und im gemalten Bild hat sie auch einen heiteren Aspekt. Sie verhilft den Pflanzen zum Wachstum.*

Während der Sonnenaufgang für den Beginn eines neuen Tages steht und symbolisiert, dass das Leben erwacht, neigt sich der Tag bei Sonnenuntergang dem Ende zu, es kehrt Ruhe ein.

Die Sonne ist für viele Völker die Offenbarung der Gottheit.

Stein: *Einen Stein in der Hand zu halten und seine Festigkeit zu spüren kann ein Gefühl der Kraft vermitteln. Steine vermitteln Stabilität und Dauerhaftigkeit.*

Stern: *Sterne leuchten in der Dunkelheit. Sie sind die Augen der Nacht. Der Stern gilt als Orientierungshilfe und Wegweiser. Er ist ein Symbol der Hoffnung.*

Ufer: *Das Ufer bietet nach einer Fahrt auf dem Wasser wieder sicheren Boden unter den Füßen.*

Vulkan: *Der Vulkan ist ein Zeichen geballter Energie, die kurz vor dem Ausbruch stehen kann. Er kann als Hin-*

weis darauf gedeutet werden, dass man seine Energie in die richtigen Bahnen fließen lassen soll, damit sie nicht zerstörerisch wirken.

Wald: *Der Wald ist ein Ort der Ruhe und Besinnung. In Märchen und Sagen hat er häufig auch etwas Geheimnisvolles, in dem Gefahren lauern. Psychologisch gesehen steht der Wald für das Unbewusste.*

Wasserfall: *Der Wasserfall strahlt Frische, Reinheit und Kraft aus. Er ist ein Symbol für kosmische Energie. Im Feng Shui, der chinesischen Kunst der Lebens- und Wohnraumgestaltung, werden Bilder von Wasserfällen hauptsächlich für Reichtum und Karriere eingesetzt.*

Wiese: *Die Wiese steht für Wachstum und Fortschritt. Der Anblick einer Blumenwiese weckt Freude.*

Wind: *Der Wind gilt als Lebensatem des Universums. Er steht auch für Veränderung: Man bringt »frischen Wind« in eine verfahrene Situation.*

Wolke: *Die Wolke ist ein Symbol für Veränderung. Da sie Regen spendet, verhilft sie den Pflanzen zum Wachstum. Dunkle Wolken vermitteln eine düstere Stimmung.*

7. Der Schlüssel zur Welt der Symbole

Wenn Sie beginnen, sich mit inneren Bildern näher zu beschäftigen, kommen Sie automatisch mit den verschiedensten Symbolen in Berührung. Über die Welt der Symbole entdecken Sie Ihre Stärken, erhalten neue Blickwinkel und Sichtweisen und können dank Ihrer Vorstellungskraft neue gewinnbringende Verhaltensweisen entwickeln.

Die Qualität Ihrer Erfahrungen, die Sie über die Welt der Symbole erhalten können, richtet sich nach der Intensität, mit der Sie sich darauf einlassen.

Über das Imaginieren und Malen sind Sie dem jeweiligen Symbol schon nähergekommen. Die nachfolgenden Betrachtungsweisen sind zum einen als Anregung für Sie gedacht, weitere Informationen zu erhalten. Zum anderen möchte ich Sie damit motivieren, eigene Ideen zu entwickeln, wie Sie mehr über das Wesen der Dinge und somit über sich selbst erfahren können.

Die Natursymbole habe ich bereits im Schlüssel zu den Naturerfahrungen besprochen. Im Folgenden geht es um Erklärungen zu Farben und Formen.

Die Symbolkraft der Farben

Zugang zur Welt der Farben finden wir, indem wir uns in die Farbe hineinversenken und durch unsere inneren Antennen erspüren, welche Wirkung sie auf uns ausübt. Erst wenn wir bereit sind, uns völlig dafür zu öffnen, können wir ihre unterstützende und heilsame Wirkung erfahren.

Mit den Bedeutungen und Wirkungen von Farben, die Sie im Anschluss finden, möchte ich Ihnen einen ersten Einblick in die Farbenwelt vermitteln. Die Erfahrung müssen Sie selbst machen – und diese kann ohne weiteres auch eine andere sein.

Wichtig ist nur, dass Sie herausfinden, welche Art von Farbe Sie in welchem Zustand unterstützen kann.
Es gibt unterschiedliche Möglichkeiten zum Erproben von Farbwirkungen, etwa durch Malen, durch das Betrachten von Bildern, durch Naturerleben, durch Kleidung und durch Farbe in Räumen.

ÜBUNG: DIE FARBWIRKUNG DURCH MALEN ERFAHREN

Wenn Sie die Farbwirkungen durch das Malen kennenlernen wollen, empfehle ich Ihnen, dies beim Nass-in-Nass-Malen mit Aquarellfarben auszuprobieren. Dazu benötigen Sie die folgenden sechs Farben: Zitronengelb, Dottergelb, Ultramarinblau, Preußischblau, Zinnoberrot und Karminrot.

Als Papier eignet sich Aquarellpapier in einer Stärke von mindestens 220 Gramm pro Quadratmeter. Fragen Sie beim Kauf, ob sich das Papier zum Nass-in-Nass-Malen eignet. Als Pinsel empfehle ich einen flachen Rindshaarpinsel der Größe 18.

Des Weiteren benötigen Sie als Unterlage ein Malbrett aus Plastik (55 mal 40 Zentimeter) und ein Naturschwämmchen, mit dem Sie das Blatt gleichmäßig auf beiden Seiten befeuchten.

Die Aquarellfarben werden in kleinen Gläschen mit Wasser angerührt. Je mehr Wasser Sie dazumischen, umso mehr zerfließen die Farben auf dem Papier.

Nachdem Sie einmal versucht haben, die Wirkung der Koloration Ihres Bildes intuitiv zu erfassen, können Sie Ihre Eindrücke mit der in der folgenden Liste dargestellten Symbolik vergleichen, die den Farben zugeordnet wird.

FARBEN UND IHRE SYMBOLIK

Die Grundfarben Rot, Blau und Gelb

Rot: *Rot wird sowohl mit Feuer und Blut in Verbindung gebracht als auch mit Liebe. Rot ist dem Planeten Mars und allen Kriegsgöttern zugeordnet. Es steht für das aktive männliche Prinzip.*

Die Farbe Rot wirkt aktivierend und erwärmend. Sie unterstützt das Selbstwertgefühl und stärkt die Tatkraft.

Im negativen Sinne kann Rot allerdings auch Wut und Zorn repräsentieren. Wenn man nervös oder gereizt ist, sollte man sich nicht mit dieser Farbe umgeben, da sie solche Zustände steigert.

Rudolf Steiner, der Begründer der Anthroposophie, sah im Rot den »Glanz des Körpers«.

Blau: *Blau ist die Farbe der Weite und der großen Tiefe. Es steht symbolisch für den Himmel und das Wasser. Es symbolisiert Treue und Vertrauen. Blau wird mit dem weiblichen Prinzip in Verbindung gebracht.*

Die Farbe Blau hat einen entspannenden und beruhigenden Charakter. Sie erzeugt eine friedliche Stimmung und führt nach innen. Blau fördert die Sprachfähigkeit und klare Gedanken.

Es besitzt eine kühlende Wirkung und wirkt dämpfend

bei Erregung und Unruhe. In einem erschöpften Zustand kann das Blau allerdings die Kraftlosigkeit noch verstärken.

Rudolf Steiner sah im Blau den »Glanz der Seele«.

Gelb: *Gelb symbolisiert das Licht der Sonne und steht für den Intellekt und die Intuition.*

Die Farbe weckt Optimismus und Lebensfreude, stärkt die Konzentration und regt den Geist an. Ein gelber Raum wirkt anregend auf Unterhaltungen. Gelb fördert die Offenheit in der Beziehung zu anderen Menschen. Es hat eine ausstrahlende Kraft und wirkt licht und heiter.

Beim Malen zeigt Gelb keinerlei Starrheit. Es lässt sich leicht mit anderen Farben mischen.

Rudolf Steiner bezeichnete das Gelb als »Glanz des Geistes«.

Die Mischfarben Grün, Orange, Violett und Braun

Grün *(Mischung aus Zitronengelb und Preußischblau):*

Die Farbe Grün wird hauptsächlich mit der Natur in Verbindung gebracht. Insofern ist Grün auch Sinnbild für Wachstum und Erneuerung.

Das frische Grün in der Natur regt an, selbst aktiv zu werden.

Grün wirkt beruhigend und harmonisierend. Es hilft, Körper und Seele ins Gleichgewicht zu bringen. Grün wirkt auch erfrischend und tut den Augen gut.

Orange *(Mischung aus Zinnoberrot und Zitronengelb):*

Orange steht für Optimismus und Lebensfreude. Es strahlt Wärme aus und wirkt anregend. Orange fördert die Kreativität und die Bereitschaft, Neues zu entdecken, und weckt Aufgeschlossenheit und Kontaktfreude.

Violett *(Mischung aus Karminrot und Ultramarinblau): Violett steht in Verbindung mit Spiritualität und Mystik. Es strahlt Würde aus, fördert inneren Frieden und Mitgefühl.*

Violett ist eine Mischung aus dem männlichen Rot und dem weiblichen Blau und steht somit auch für die Verschmelzung dieser beiden Pole.

Braun *(Mischung aus Zitronengelb, Zinnoberrot und Ultramarinblau): Braun ist eine Erdfarbe und vermittelt Geborgenheit und Sicherheit.*

Schwarz und Weiß, Gold und Silber

Schwarz: *Schwarz steht für Dunkelheit, für Nacht und Schatten. Ebenso kann Schwarz an Tod und Trauer erinnern. Auf der Gefühlsebene ist das »Schwarzsehen« ein Ausdruck von Hoffnungslosigkeit und Pessimismus.*

Weiß: *Weiß ist ein Symbol der Reinheit und Unschuld. Es wird mit Helligkeit und Licht assoziiert.*

Gold: *Gold wird der Sonne zugeordnet. Die goldene Farbe ist der Glanz der Erleuchtung.*

Durch das Gold wirkt eine göttliche Kraft. Es steht für Weisheit, Reichtum und Inspiration.

Silber: *Silber wird mit dem Mond und mit der intuitiven Seite des Verstandes in Verbindung gebracht.*

Die Symbolkraft der Formen

Die folgenden kurzen Erläuterungen sind hauptsächlich an die Erklärungen von Ingrid Riedel in ihrem Buch über die tiefenpsychologische Bedeutung von Formen angelehnt (siehe Literaturverzeichnis). Ich empfehle Ihnen, ähnlich wie bei den Farben, einen eigenen Bezug durch das Zeichnen oder Malen der einzelnen Formen herzustellen.

FORMEN UND IHRE SYMBOLIK

Kreis: *Der Kreis ist ein Symbol des in sich Geschlossenen, des Vollkommenen und der Ewigkeit. Er hat ein Inneres, das von ihm umschlossen und integriert wird, während das Äußere das Ausgeschlossene und Nichtintegrierte darstellt.*
Der Kreis umfängt, birgt und schützt also. Er ist zugleich ein Symbol der Zeit und der Unendlichkeit.

Quadrat: *Das Quadrat bildet durch sein Gleichmaß in Länge und Breite eine ruhende, statische Figur. Es hat Bezug zu den vier Himmelsrichtungen sowie allgemein zu der Zahl Vier.*
In seiner Rechtwinkligkeit hat das Quadrat im Vergleich zum Kreis etwas Hartes und Kantiges. Es hat mit Eingrenzen und In-Besitz-Nehmen zu tun.
Das meditative Ausschreiten eines Quadrats wie bei der Zen-Meditation ist die Form einer Zentrierung.

Dreieck: *Das Dreieck besteht aus einer Basis und zwei Diagonalen, die diese Basis gleichmäßig überdachen. Es* *stellt eine außerordentlich dynamische Figur dar. Während das Dreieck, das mit der Spitze nach oben weist, einen männlichen Aspekt hat und als Symbol des Feuers gilt, hat das Dreieck, das mit der Spitze nach unten zeigt, einen weiblichen Aspekt und wird mit dem Symbol des Wassers in Verbindung gebracht.*

Das ursprünglichste Dreieck im Leben des Menschen ist die Beziehung von Vater, Mutter und Kind.

Spirale: *Seit alters wird zwischen zwei Spiralformen unterschieden: der links- und der rechtsdrehenden. Die linksdrehende, die von der Mitte aus gesehen entgegen dem Uhrzeigersinn läuft, führt von außen nach innen einrollend auf ihrem Weg zurück zum Ursprung. Die rechtsdrehende Spirale, die sich von der Mitte aus gesehen mit dem Uhrzeigersinn von innen nach außen aufrollt, stellt die Entfaltung von Leben und Zukunft dar.*

Wenn Sie die beiden Spiralen zeichnen oder malen, werden Sie erleben, wie Sie die linksdrehende Spirale nach innen, in Ihre eigene Mitte führt, während Sie die rechtsdrehende Spirale aus der Mitte heraus in die Aktion nach außen leitet.

Sie können auch beide Spiralen im Wechsel malen und innerlich nachspüren, welche der beiden Ihnen gerade guttut.

DER GLAUBE

Nachdem ich Ihnen die sieben Schlüssel zu Ihren inneren Kraftquellen vorgestellt habe, möchte ich Sie an das meines Erachtens Wichtigste erinnern, nämlich an den Glauben.

Egal, welcher Religion Sie angehören oder ob Sie einfach nur an eine höhere Macht glauben, der Glaube wird Sie immer auf Ihrem Wege weiterführen und auch in scheinbar ausweglosen Situationen nicht verzagen lassen.

Der Glaube daran, dass alles, was in Ihrem Leben passiert, einen Sinn hat, stärkt die Hoffnung und das Vertrauen in eine positive Entwicklung.

Die sieben KREAMIND-Prozesse zur Veränderung

Die Prozesse helfen Ihnen, Veränderungen in den verschiedensten Lebensbereichen einzuleiten. Jede dieser Veränderungen wird durch ein konkretes Ziel definiert. Denn wie schon Seneca sagte: »Für ein Schiff, das sein Ziel nicht kennt, ist kein Wind der richtige.«

Vielleicht haben Sie Ihr Ziel bereits klar vor Augen, dann sollten Sie den Prozess zum Finden Ihrer Ziele trotzdem nicht überspringen. Es könnte sein, dass durch das gezielte Erforschen Ihrer Wünsche ein wichtigeres Vorhaben in den Vordergrund rückt.

In meinen Seminaren habe ich nämlich des Öfteren erlebt, dass die Teilnehmer(innen) bereits mit einer konkreten Zielvorstellung kamen, sich im Verlauf des Seminars dann aber herausstellte, dass zunächst ein anderes Ziel vorrangig war.

Meist stand dies im Zusammenhang mit einer Charaktereigenschaft, die noch entwickelt oder verstärkt werden musste, oder einer neuen Verhaltensweise, die gelebt werden sollte.

Eine Teilnehmerin zum Beispiel erzählte mir am Tag nach dem Gestalten der Zielcollage, dass sie ihren sehnlichsten Wunsch, nämlich wieder einen neuen Partner zu finden, gar

nicht auf ihre Collage gebracht hatte, weil ihr der Mut dazu fehlte. Dadurch ist ihr klar geworden, dass das vorrangige Ziel war, mutiger zu werden. Allein dadurch, dass sie das aussprechen konnte, war schon der Grundstock dazu gelegt, und sie traute sich, ihre Collage noch mit dem Bild eines Mannes zu vervollständigen.
Das erstrebte Jahresziel aber blieb vorerst, mutiger zu werden, denn das bezog auch andere Lebensbereiche mit ein und war plötzlich sehr wichtig geworden.

Neben den Menschen, denen schon ein sehr konkretes Ziel vor Augen schwebt, gibt es aber auch solche, die noch gar keine genaue Vorstellung haben.
Vielleicht haben Sie das Gefühl, dass Ihr Leben zu eintönig verläuft und Ihnen der eigentliche Sinn fehlt. Möglicherweise hatten Sie auch schon mehrmals den Gedanken, dass Sie etwas in Ihrem Leben verändern müssten. Nur »was« und »wie« war Ihnen nicht klar, und so haben Sie in Ihrem bisherigen Trott weitergemacht.
Während Sie diese Zeilen lesen, haben Sie bereits den ersten Schritt unternommen, um aus dieser Tretmühle herauszufinden.
Als Nächstes beantworten Sie bitte die erste Frage: »Wo stehe ich?«
Stellen Sie sich doch einmal vor Ihrem inneren Auge einen Hamster vor, der in seinem Rad ständig läuft und das Rad damit in Bewegung hält. Er verwendet seine gesamte Energie dafür und findet dabei keine Zeit, nach rechts oder links zu schauen. Das Rad dreht sich zwar, aber immer auf derselben Stelle.

Nun möchte ich Sie natürlich nicht mit einem Hamster vergleichen, vielmehr will ich Ihnen anhand dieser bildlichen Vorstellung einen Anstoß geben und Ihnen damit zeigen, dass Sie Ihre Imagination auch zur Einschätzung Ihrer momentanen Lebenssituation einsetzen können. Welcher bildhafte Vergleich fällt Ihnen spontan dazu ein?
Die zweite Frage lautet dann: »Wonach strebe ich?«
Wenn Sie wüssten, dass jedes Lachen Ihr Leben verlängerte, würden Sie dann versuchen, Ihren Alltag so zu gestalten, dass Sie mehr zum Lachen haben? Können Sie sich vorstellen, Ihre Ziele mit Begeisterung und Freude zu verfolgen anstatt mit Ernst und eisernem Willen?
Dann sind Sie auf dem richtigen Weg!

Lassen Sie bei der Ermittlung Ihrer Wünsche und Ziele vor allem Ihr Herz sprechen, denn es ist so, wie der Fuchs im Märchen *Der Kleine Prinz* sagt: »Man sieht nur mit dem Herzen gut.«
Lassen Sie sich dabei von eventuellen Einwürfen Ihres Verstandes, nicht genügend Zeit oder Geld für die Erfüllung eines Wunschs zur Verfügung zu haben, nicht verunsichern! Ich habe, wie auch viele meiner Seminarteilnehmer(innen), immer wieder die Erfahrung gemacht, dass sich Mittel und Wege finden, wenn man sich etwas wirklich von Herzen wünscht.
Je genauer Sie sich das Erreichen Ihrer Ziele vorstellen können, desto mehr Aussicht auf Erfolg haben Sie.
Wenn Sie sich zum Beispiel Glück und Zufriedenheit in der Partnerschaft wünschen, dann ist es wichtig für Sie, zu wissen, was in einer Partnerschaft am meisten für Sie zählt. Das

wiederum bedeutet, dass Sie sich eine Art Werteskala schaffen. Auf was legen Sie bei Ihrem Partner oder Ihrer Partnerin am meisten Wert? Zum Beispiel Treue, gemeinsame Interessen (Sport, Kultur, Hobbys und so weiter), körperliche Anziehung, Aussehen, Wertschätzung, finanzielle Sicherheit, Hilfe und Unterstützung, persönlicher Freiraum, Geborgenheit.
Ihre persönliche Werteskala spielt natürlich auch in allen anderen Lebensbereichen eine Rolle. Sie hilft Ihnen, zu erkennen, was für Sie tatsächlich erstrebenswert ist.

Wie wichtig eine detaillierte Vorstellung eines Ziels sein kann, möchte ich Ihnen anhand eines Beispiels darstellen: Als ich im Jahr 2000 für meine Arbeit eine Praxis suchte, hatte ich folgende Vorstellung: Es sollten zwei Räume sein – einer zur Entspannung und zum Gespräch, der andere zum Malen und Kreativsein. Die Räume sollten im Stadtteil München-Schwabing liegen, am liebsten in einem Altbau mit weißen Sprossenfenstern und einem Eingangsbereich mit Toilette. Und in meinen kühnsten Vorstellungen hatte ich auch noch einen Balkon oder eine Terrasse mit eingebaut. Als Letztes sollte sich der Mietpreis in einem für mich bezahlbaren Rahmen bewegen.
Einige Monate später unterschrieb ich den Mietvertrag. Ich hatte alles so bekommen wie gewünscht. Nur eine Teeküche hatte ich bei meinen Wünschen vergessen – die war dann auch nicht dabei.

PRAKTISCHE VORBEREITUNG ZU DEN EINZELNEN KREAMIND-PROZESSEN

Um sich mit dem Ablauf des jeweiligen KREAMIND-Prozesses vertraut zu machen, lesen Sie sich den Text erst einmal vollständig durch. Danach können Sie die notwendigen Vorbereitungen treffen.
Empfehlenswert ist es, sich für jeden KREAMIND-Prozess mindestens einen Tag Zeit zu nehmen. Sie sollten dabei auf keinen Fall unter Druck stehen und den Tag nach Möglichkeit in Ruhe ausklingen lassen.
Besorgen Sie sich im Vorfeld alles Material, das Sie für den kreativen Prozess benötigen. Genaue Hinweise dazu finden Sie am Anfang jedes Prozesses.
Neben dem »Schatzbuch« benötigen Sie einen »Ziele-Ordner«, in dem Sie alle Ihre Ziele und die zu Ihrem Erreichen notwendigen Aktivitäten festhalten.

Wenn Sie sich eine Phantasiereise oder Imagination selbst auf einen Tonträger sprechen wollen, sollten Sie das auch schon vorher erledigt haben, damit Sie den Tag ganz dem Veränderungsprozess widmen können.
Eine zweite Möglichkeit ist, dass Sie sich die Phantasiereise von jemandem vorlesen lassen.
Wenn Ihnen beide Möglichkeiten nicht zur Verfügung stehen, verfahren Sie folgendermaßen: Lesen Sie sich jeweils die Fragen zu einem Bereich durch. Schließen Sie wie bei den bisherigen Übungen bei den mit einem »...x« gekennzeichneten Stellen wieder Ihre Augen und lassen Sie die

Antworten in Ihrem Inneren entstehen, bevor Sie diese in Ihrem »Ziele-Ordner« notieren.
Sorgen Sie für Ihr körperliches Wohlbefinden. Achten Sie darauf, dass Sie genügend Vorräte im Haus haben, um sich zwischendurch mit gesunden Mahlzeiten stärken zu können. Verwöhnen Sie sich mit wohlschmeckenden Tees oder Säften. Vermeiden Sie nach Möglichkeit an diesem Tag oder Wochenende aufputschende Getränke und Nikotin, da sie die Qualität Ihrer inneren Haltung ungünstig beeinflussen.

1. Der KREAMIND-Prozess zum Erforschen Ihrer Wünsche und zur Zielfindung

Intention: neue Perspektiven, neuen Schwung ins Leben bringen, Zielorientierung.

MATERIAL

Besorgen Sie sich das Material, das Sie für den kreativen Teil benötigen! Dazu gehören Papier, Farben, Schere, Klebstift, alte Zeitschriften und/oder Reiseprospekte für die Zielcollage.
Für die Zielcollage benötigen Sie einen farbigen Fotokarton in der Größe 50 mal 70 Zentimeter.
Ich empfehle, dass Sie sich den Fotokarton in mehreren

Farben kaufen, damit Sie sich dann die Farbe aussuchen können, die Sie am meisten unterstützt.
Ebenso benötigen Sie den »Ziele-Ordner«.

Beginnen Sie damit, dass Sie sich einen Tag oder ein Wochenende (falls Sie den KREAMIND-Prozess zum Erreichen Ihres wichtigsten Ziels gleich mit anschließen wollen) aussuchen, an dem Sie sich ungestört dem Erforschen Ihrer Wünsche widmen können.
Die Erfahrung hat gezeigt, dass es am effektivsten ist, die Ziele für einen überschaubaren Zeitraum festzulegen, am besten für ein Jahr. Selbst wenn sich manchmal die Ziele wenig verändern, ist es dann sinnvoll, eine neue Jahres-Zielcollage anzufertigen, um sich neu zu motivieren.

Die Zielfindung

Suchen Sie sich einen ungestörten Platz in Ihrer Wohnung, an dem Sie die folgenden Fragen beantworten, und legen Sie Papier und Schreibzeug bereit.
Stellen Sie Ihr Telefon ab, damit Sie sich voll und ganz Ihrer Aufgabe widmen können.
Beginnen Sie zum Einstimmen mit einer kleinen Meditation oder Entspannungsübung (siehe das Kapitel »1. Der Schlüssel zu innerer Ruhe und Gelassenheit«). Wenn Sie bereits gewohnt sind, sich regelmäßig zu entspannen oder zu meditieren, dann wenden Sie die Ihnen bereits vertraute Form an.
Weshalb die vorbereitende Entspannung für Ihre Zielfindung

von Bedeutung ist, möchte ich Ihnen anhand einer kleinen Parabel versinnbildlichen.

ERKENNE DICH SELBST

(Aus: Der Andere Advent, Verein Andere Zeiten, www.andere-zeiten.de)

Zu einem Einsiedler kamen eines Tages Menschen. Sie fragten ihn: »Welchen Sinn siehst du in einem Leben der Stille?«
Er war gerade mit dem Schöpfen von Wasser aus einer tiefen Zisterne beschäftigt. »Schaut in die Zisterne, was seht ihr?«, fragte er.
Die Besucher sprachen: »Wir sehen nichts.«
Nach einer Weile forderte der Einsiedler sie wieder auf: »Schaut in die Zisterne, was seht ihr?«
Sie blickten hinunter und sagten: »Jetzt sehen wir uns selbst.«
Der Einsiedler sprach: »Als ich vorhin Wasser schöpfte, war das Wasser unruhig, und ihr konntet nichts sehen. Jetzt ist das Wasser ruhig, und ihr erkennt euch selbst. Das ist die Erfahrung der Stille.«

Sprechen Sie die folgenden Fragen wieder auf einen Tonträger oder lassen Sie sich diese im entspannten Zustand vorlesen. Falls Sie den Text lesen und sich den einzelnen Fragen direkt zuwenden, sind die mit »...x« gekennzeichneten Stellen

wieder der Hinweis für eine Pause, die genügend Zeit zum Antworten bietet. Schließen Sie nach diesen Stellen die Augen und lassen Sie dazu in Ruhe Antworten und damit verbundene innere Bilder entstehen (siehe auch Seite 41).
In der Regel empfehle ich, sich auf die Ziele für das kommende Jahr zu konzentrieren. Im Einzelfall kann natürlich auch ein längerer Zeitraum gewählt werden.
Und nun wünsche Ich Ihnen viel Spaß bei Ihrer Zielfindung!

PHANTASIEREISE ZUR ZIELFINDUNG

Mach es dir im Sitzen oder Liegen ganz bequem und schließ deine Augen. Spüre deinen Atem, wie er in deine Mitte ein- und wieder ausfließt ... Mit jedem Einatmen atmest du Ruhe und Gelassenheit ein, und bei jedem Ausatmen kannst du etwas mehr loslassen ... du spürst den Atem durch deine Arme fließen bis in deine Hände und Fingerspitzen ... Du spürst, wie sich deine Bauchdecke beim Einatmen etwas hebt und beim Ausatmen wieder senkt ... und du spürst den Atem auch durch deine Beine fließen – bis in deine Füße und Zehenspitzen ...
Und dann stell dir bitte vor, du kannst für alle deine Ziele, die du findest, Samen in die Erde legen. Erschaffe dir dazu vor deinem inneren Auge eine Landschaft, die dir dafür geeignet erscheint ...x Das Säckchen, in dem sich die Samenkörner befinden, liegt schon für dich bereit. Jetzt ist es nur noch an dir, welche Bedeutung du diesen Samen verleihst, bevor du sie in die Erde legst.

Die folgenden Fragen sollen dir das Erforschen deiner Herzenswünsche erleichtern.

Wissenserweiterung

- *Was möchtest du gerne noch lernen? ...x*
- *Welches Wissensgebiet möchtest du vertiefen? ...x*
- *Gibt es zum Beispiel eine Sprache, die du erlernen möchtest, oder benötigst du einen Computerkurs, der dir neue Möglichkeiten im Umgang mit dem PC eröffnet? ...x*

Persönlichkeitsentwicklung

- *Welche Charaktereigenschaften und Fähigkeiten möchtest du noch entwickeln? ...x*
- *Benötigst du zum Beispiel mehr Mut, Geduld oder Konzentration? ...x Fehlt dir die Tatkraft zur Umsetzung deiner Pläne und Ideen? ...x*
- *Wünschst du dir mehr Gelassenheit und Souveränität? ...x*
- *Möchtest du dich in deinem verbalen Ausdruck verbessern oder allgemein an Sicherheit in deinem persönlichen Auftreten gewinnen? ...x*

Beruf und Finanzen

- *Welche berufliche Stellung strebst du an, und wie viel möchtest du im Jahr verdienen? ...x*
- *Wie wünschst du dir den Umgang mit Vorgesetzten und Kolleginnen und Kollegen – oder, falls du selbständig bist, mit deinen Angestellten? ...x*
- *Möchtest du mehr Verantwortung übernehmen oder wünschst du dir, besser delegieren zu können? ...x*

- *Welche deiner besonderen Talente oder Fähigkeiten möchtest du unbedingt in deine berufliche Tätigkeit einbringen können – bist du zum Beispiel besonders kreativ, oder verfügst du über eine verbale Überzeugungskraft? ...x*
- *Arbeitest du lieber eigenverantwortlich, oder fällt es dir leichter, Anweisungen auszuführen? ...x*
- *Willst du dich beruflich weiterbilden, um eine höhere Position zu erreichen? ...x*

Freizeitgestaltung

- *Welchen Hobbys möchtest du nachgehen?*
- *Interessierst du dich zum Beispiel für künstlerische Tätigkeiten wie Malen, Herstellen von Schmuck, Musizieren oder Tanzen? ...x*
- *Oder für handwerkliche Fertigkeiten wie Schreinerarbeiten? ...x*
- *Oder welches andere Hobby würde dich interessieren? ...x*
- *Liegt dein Hauptinteresse bei sportlichen Aktivitäten wie zum Beispiel Tennis, Schwimmen, Bergsteigen oder Golf? ...x*
- *Welche kulturellen Angebote möchtest du in deiner Freizeit nutzen: Theater, Konzert, Kino, Besuch von Museen oder Kunstausstellungen? ...x*
- *Welche Reisen oder Ausflüge möchtest du unternehmen? ...x*
- *Zieht es dich ans Meer, ins Gebirge, oder entdeckst du am liebsten eine Stadt mit ihren Sehenswürdigkeiten? ...x*

- *Verbindest du deinen Urlaub gern mit Kursangeboten wie zum Beispiel einem Sprachurlaub, oder steht dir der Sinn hauptsächlich nach Ruhe und Entspannung? ...x*

Partnerschaft und Familie

- *Falls du allein lebst, wünschst du dir eine neue Beziehung? Und worauf legst du besonders Wert in deiner Partnerschaft? ...x*
- *Wenn du bereits in einer Partnerschaft lebst, wünschst du dir eine positive Veränderung im Zusammenleben? ...x*
- *Wünschst du dir zum Beispiel mehr Nähe oder mehr Freiraum, mehr Unterstützung oder Anerkennung oder einfach mehr Aufmerksamkeit gegenüber deinen Bedürfnissen? ...x*
- *Gibt es etwas im Umgang mit deiner Familie, das dringend einer Veränderung bedarf? ...x*

Freunde

- *Möchtest du neue Freunde gewinnen oder deinem Freundeskreis mehr Zeit widmen? ...x*
- *Was möchtest du gemeinsam mit ihnen unternehmen? ...x*
- *Was ist dir wichtig am Zusammensein mit Freunden, zum Beispiel Ehrlichkeit, Vertrauen, Freude und Spaß bei gemeinsamen Unternehmungen? ...x*

Gesundheit und Wohlbefinden

- *Was bist du bereit, für dein körperliches Wohlbefinden zu tun? Wie willst du dich ernähren? ...x*

- *Was kannst du für deine körperliche Fitness tun? ...x Welche Art von Bewegung tut dir gut? Spüre genau hin, was dein Körper braucht. ...x*
- *Auf was würdest du verzichten oder es reduzieren, wenn du wüsstest, dass sich dadurch nicht nur deine Lebenserwartung verlängert, sondern auch deine jetzige Lebensqualität spürbar verbessert? ...x*
- *Nimmst du dir Zeit für genügend Ruhepausen? ...x*
- *Welche Wellness-Oasen gibt es in deiner Nähe, die du dir hin und wieder gönnen kannst? ...x*

Wohnung

- *Wenn du auf der Suche nach einer neuen Wohnung bist, dann könnten zum Beispiel folgende Kriterien für dich von Bedeutung sein: der Stadtteil, die Lage, das Stockwerk, die Größe oder die monatliche Miete.*
- *Je detaillierter du deine Wünsche definieren kannst, umso größer ist die Chance, dass du deine Traumwohnung findest.*

- *Sollte die Wohnung über Balkon oder Terrasse verfügen? ...x*
- *Wärest du bereit, die Wohnung auf eigene Kosten zu renovieren, wenn dafür der Mietpreis günstig wäre? ...x*
- *Auf was legst du besonderen Wert? ...x*

- *Wenn du mit deiner Wohnung zufrieden bist, dann stellt sich die Frage, ob du an der Gestaltung etwas verändern willst.*
- *Gibt es etwas zum Ausräumen, Umräumen, und/oder*

möchtest du eventuell mit Farben neue Akzente setzen? ...x

- *Wünschst du dir mehr Ordnung, mehr Bequemlichkeit oder mehr Raum für einen bestimmten Bereich? ...x*

Geistiges und spirituelles Wachstum/Lebensaufgabe

- *Wie findest du zu innerer Ruhe? ...x*
- *Nimmst du dir Zeit für Meditation oder Spaziergänge in der Natur? ...x*
- *Liest du Texte oder Bücher, die dein geistiges und spirituelles Wachstum fördern, oder besuchst du lieber Kurse, durch die du angeregt wirst? ...x*
- *Zum Abschluss kommt eine sehr wichtige Frage. Wenn du dir vorstellst, dass jeder Mensch eine besondere Aufgabe in seinem Leben hat, was, meinst du, könnte deine ganz spezielle Lebensaufgabe sein? ...x*
- *Was gibt deinem Leben Sinn? ...x*
- *Über welche besonderen Fähigkeiten oder Talente verfügst du, die du in die Welt tragen kannst? ...x*

... Und dann stell dir vor, welch gutes Gefühl es ist, wenn du deine Ziele erreicht hast ...x
Nimm deine Samen, gib ihnen die Bedeutungen, die dir wichtig sind, und setze sie nach und nach bewusst in die Erde, damit sie wachsen und gedeihen können ...x

Und dann verabschiede dich von dem Ort, an dem du den ersten Schritt zum Erreichen deiner Ziele gemacht hast, und nimm das Gefühl des beginnenden Wachstums mit in dein Wachbewusstsein ... Atme mit jedem Atemzug Fri-

sche und Wachheit ein und komm in deinem Rhythmus wieder ganz zurück ins Hier und Jetzt – in diesen Raum ... Du kannst dich recken und strecken, und wenn du jetzt gleich die Augen öffnest, fühlst du dich wieder ganz wach.

Als Nächstes schreiben Sie bitte Ihre Ziele in Ihren »Ziele-Ordner«, in dem Sie später auch alle weiteren Schritte und Aktivitäten notieren können.
Widmen Sie jedem Lebensbereich einen eigenen Abschnitt. Unterstreichen Sie das jeweils wichtigste Ziel.
Wenn Sie die Übung zu zweit oder in einer kleinen Gruppe gemacht haben, können Sie sich jetzt gegenseitig über Ihre wichtigsten Ziele austauschen.

Das Gestalten einer Zielcollage

Wenn Sie Ihre Wünsche und Ziele ermittelt und notiert haben, gestalten Sie Ihre Zielcollage. Wählen Sie dazu die Farbe des Fotokartons, die Ihnen am geeignetsten erscheint. Sie können sich auch statt der Größe von 50 mal 70 Zentimetern für eine quadratische Form mit 50 mal 50 Zentimetern entscheiden. Kleiner dürfte sie allerdings nicht sein, da die Bilder, die Sie aufkleben, ebenfalls eine bestimmte Größe haben sollten, damit sie gut erkennbar sind.

Suchen Sie als Erstes ein Kraftsymbol für die Mitte Ihrer Collage. Dazu können Sie wählen, was Ihnen spontan dazu einfällt. In der Regel werden Landschaften oder Natursymbole

ausgesucht (Wasserfall, Regenbogen, Meer und so weiter). Es kann aber ebenso gut ein Krafttier sein (zum Beispiel Löwe, Elefant oder Delphin) oder ein spirituelles Bild.
Dann schneiden Sie aus Ihren gesammelten Zeitschriften und Prospekten Bilder und Wörter oder Sätze aus, die Ihnen Ihre Ziele vor Augen führen. Überprüfen Sie auch, welches Ziel und welcher Lebensbereich Ihnen am wichtigsten erscheint, damit Sie ihm genügend Aufmerksamkeit schenken können.
Die Erfahrung hat gezeigt, dass die Kombination von Bildern und Worten den höchsten Motivationsfaktor darstellt. Wenn Sie genügend Bild- und Wortmaterial gesammelt haben, ordnen Sie dieses rund um Ihr Kraftbild an. Sinnvoll ist zum Beispiel, die Bilder nach Lebensbereichen anzuordnen. Es kann sein, dass Sie mehrere Möglichkeiten der Anordnung ausprobieren müssen, bis Ihnen die Collage gefällt. Erst dann beginnen Sie mit dem Aufkleben.
Danach lassen Sie die Collage noch mal in aller Ruhe auf sich wirken. Suchen Sie nach einem geeigneten Platz in Ihrer Wohnung, der es Ihnen ermöglicht, sie täglich zu betrachten. Die Collage wird Sie durch das Jahr begleiten und ständig aufs Neue motivieren.
Die folgenden Erfahrungsberichte zeigen, was die Zielcollagen bewirken können. Während bei Sabine die Collage wie ein roter Faden wirkt, der sowohl auf bewusster wie auf unbewusster Ebene richtungweisend ist, wird bei der Beschreibung von Gaby deutlich, welche starken Impulse dadurch entstanden sind, die zur gewünschten Veränderung geführt haben.

Sabine B., 48 Jahre, Sachbearbeiterin im Marketing, Mutter von zwei Kindern

Ich habe meine Jahrescollage an die Tür im Flur gehängt. So laufe ich täglich x-mal dran vorbei. Manchmal halte ich inne, betrachte meine Collage und erinnere mich an das, was ich bei den einzelnen Bildern gedacht habe (das heißt, welche Bedeutung ich ihnen gegeben habe). Sonst denke ich allerdings nicht viel darüber nach.

Kurz vor Jahresende stelle ich jedoch jedes Mal fest, dass ich »irgendwie« Lust verspüre, eine neue Collage zu machen. Und wenn ich dann die noch aktuelle Collage einmal ausführlicher betrachte und die Stimmung, die darauf herrscht, auf mich wirken lasse, dann fällt mir auf, dass genau so auch mein Leben war – selbst wenn vielleicht nicht jedes einzelne meiner Ziele und jeder Wunsch erreicht wurde.

Ich habe mir die letzten vier Collagen noch mal betrachtet und festgestellt, dass sie wie ein Tagebuch für mich sind. Es gibt immer wieder ähnliche Themen (Kinder, Job, Zeit für mich, Gesundheit). Aber die Dinge wandeln sich. Ich wandle mich und bleibe doch bei mir – oder besser ausgedrückt: Ich komme zu mir!

Gaby H., Sozialpädagogin, 41 Jahre, verheiratet, ein Kind

Ende 2000 war ich mit meiner Arbeit zunehmend unzufrieden und habe die Tätigkeit kaum mehr ausgehalten.

Ich litt unter meiner beruflichen Situation. Ich wollte unbedingt intern wechseln, aber es gab bei meinem Arbeitgeber zu diesem Zeitpunkt keine adäquaten freien Stellen.
Ich habe dann an dem Seminar »Jahres-Zielcollage für 2001« teilgenommen, und eines meiner Ziele für 2001 war, einen neuen Arbeitsplatz zu finden. Ich hängte die Collage über meinem Bett auf, so dass ich sie jeden Tag sehen konnte. Zudem stellte ich mir vor, welche Inhalte meine neue Arbeit haben wird und wie ich mir zum Beispiel mein neues Büro einrichten werde. Ich setzte mich gedanklich mit der neuen Situation auseinander.
Mit der Zeit wuchs meine Bereitschaft, neue Wege zu gehen. Ich konnte mir sogar vorstellen, die sichere Anstellung bei meinem Arbeitgeber aufzugeben. Durch diese Haltung habe ich über eine Zeitungsanzeige von einem Projekt erfahren, das von den Kliniken und meinem Arbeitgeber finanziert wurde und bei dem ich mitarbeiten konnte, ohne meinen Arbeitgeber zu verlassen. Im Mai 2001 habe ich meine neue Stelle angetreten. Das Büro musste ich zwar noch etwas verschönern, aber die neue Arbeit stellt mich sehr zufrieden.

Wie so eine Jahres-Zielcollage praktisch aussehen kann, möchte ich Ihnen ebenfalls an einem Beispiel aufzeigen.

BEISPIEL EINER JAHRES-ZIELCOLLAGE

Helga K., 49 Jahre, Steuerberaterin, alleinerziehende Mutter von zwei Kindern

Die Jahres-Zielcollage habe ich in meiner Essecke aufgehängt. Rückblickend kann ich sagen, dass sie mich immer wieder beflügelt und mir neue Kraft gegeben hat.

Für die Mitte habe ich als Kraftsymbol einen Brunnen in einem Atrium gewählt und den Satz »Ich habe Seelenruhe«.

Als alleinerziehende Mutter und selbständige Steuerberaterin bin ich jeden Tag voll gefordert. Oasen der Ruhe sind für mich mit das Wichtigste, um fit zu bleiben. Dem Wellnessbereich habe ich deshalb einige Bilder auf meiner Collage gewidmet, wie zum Beispiel eine Frau in einer Badewanne, von Blüten umgeben, und eine Frau, die mit einer Rückenmassage verwöhnt wird. Daneben steht mehrmals das Wort energy. Das bedeutet: Kraft für mich zu tanken, um anderen Kraft zu geben. Bilder mit gesundem leckerem Essen dienen als Anregung, für eine gute und ausgewogene Nahrung zu sorgen.

Die zwei radelnden Kinder habe ich unter dem Motto »die Kinder beim Erwachsenwerden begleiten« ausgesucht. Begleiten heißt für mich, sie zu möglichst selbständigen Menschen zu erziehen und nur da zu unterstützen, wo es wirklich notwendig ist.

Große grüne Blätter, auf denen Tautropfen abgebildet sind, stehen für Vertrauen in jeder Lebenslage. Das Lavendelfeld und das Ferienhaus mit Swimmingpool kündigen den Sommerurlaub in Frankreich an und haben mich schon ein halbes Jahr mit Vorfreude erfüllt. Gerade in Stresszeiten war dies ein Lichtblick für mich. Ein Arbeitsplatz mit Schreibtisch und PC und die dazu ausgeschnittenen Worte »Entscheiden Sie sich für beides – Beruf und Familie« haben mich unterstützt, dass diese Entscheidung richtig war und ist.

Das Bild von einem Einbauschrank, bei dem die Worte »mit Innenleben nach Maß« stehen, hat mich dazu veranlasst, mir einen schon lang gehegten Wunsch zu erfüllen und mir von einem Schreiner einen begehbaren Kleiderschrank nach Maß anfertigen zu lassen.

Dann gibt es auf meiner Collage auch noch einen Pfau, der ein Rad schlägt. Dieses Bild habe ich ausgesucht, um damit zu symbolisieren, wie ich mich fühle, wenn ich es schaffe, meine Ziele zu erreichen. Und das ist jetzt der Fall: Ich bin stolz wie ein Pfau und schlage ein Rad, weil ich mit Hilfe der Collage alles erreicht habe, was ich mir gewünscht hatte.

Die berufliche Zielfindung

Neben der Jahres-Zielcollage, die alle wichtigen Lebensbereiche wie auch den Beruf umfasst, rate ich dennoch zur Anfertigung einer extra Collage für die beruflichen Ziele, insbesondere wenn Sie eine freiberufliche oder selbständige Tätigkeit ausüben. Sie dient dazu, ein erfolgreiches Selbstmanagement zu führen und gewinnbringende Strategien zu entwickeln. Wenn Sie sich für eine extra Berufscollage entscheiden, kön-

nen Sie natürlich auf den Fragenbereich zum Beruf bei der allgemeinen Zielcollage verzichten.
Lassen Sie mindestens eine Woche Abstand zwischen dem Anfertigen der beiden Zielcollagen. Sich einen ganzen Tag mit dem Suchen und Finden von Zielen zu beschäftigen verlangt vollen Einsatz. Am Abend werden Sie unter Umständen ziemlich groggy, aber dafür auch sehr zufrieden sein, wenn Sie Ihr Werk betrachten. Deshalb ist eine Pause ganz sinnvoll, um sich dann mit neuer Kraft der beruflichen Zielfindung zu widmen.

Beginnen Sie wieder mit einer Entspannungsübung oder einem Spaziergang in der Natur, bevor Sie sich Ihren beruflichen Zielen widmen.

PHANTASIEREISE ZUR BERUFLICHEN ZIELFINDUNG

Mach es dir im Liegen oder Sitzen ganz bequem. Spüre deinen Atem, wie er in deine Mitte ein- und ausströmt ... wie sanfte Wellen, die kommen und gehen ... Und während du dich einige Zeit nur auf deinen Atem konzentrierst, wirst du ruhiger und gelassener ... und gleitest nach und nach in einen angenehmen Zustand der Entspannung ...
... Und dann stell dir bitte vor, du stehst auf einer saftig grünen Wiese und siehst über dir einen wunderbaren Regenbogen ... Unter diesem Regenbogen kannst du dir nun alles wünschen, was du dir für deinen beruflichen Erfolg erträumst.

Die folgenden Fragen helfen dir bei der Erkundung deiner beruflichen Ziele.

Umsatz/Finanzen

- *Welchen Jahresumsatz benötigst du, um erfolgreich und gewinnbringend zu arbeiten? …x*
- *Was möchtest du finanziell im kommenden Jahr erreichen? …x*

Akquisition

- *Welche Märkte kannst du dir für dein Produkt oder deine Dienstleistung noch erschließen? …x*
- *Welche Kontakte können dir dabei nützlich sein? …x*
- *Welchem Netzwerk kannst du dich anschließen, um dich in deiner Branche bekannter zu machen und weiterempfohlen zu werden? …x*

Selbstdarstellung/Profile

- *Was kannst du im Eigenmarketing verbessern? …x*
- *Ist dein Internetauftritt auf dem neuesten Stand? …x*
- *Wie ansprechend sind deine Visitenkarten und Briefbögen? …x*
- *Was kannst du tun, um kompetenter und überzeugender zu wirken? …x*
- *Hast du das herausgestellt, was dich in deinem Beruf zum Experten macht? …x*

Fähigkeiten

- *Wo liegen deine größten Stärken, und wie kannst du diese gezielt zum Einsatz bringen? …x*

- *Welche Fähigkeiten sind für deinen beruflichen Erfolg wichtig, und wie kannst du dir diese aneignen oder sie verbessern? ...x*
- *Welche der folgenden Kriterien sind dabei für dich wichtig? Fachwissen, Kreativität, Flexibilität, sicheres Auftreten und Überzeugungskraft, Konzentration auf das Wesentliche, Geduld, Organisationstalent? ...x Oder was erscheint dir sonst von Bedeutung? ...x*

Struktur

- *Wie effektiv ist dein Tagesablauf? ...x*
- *Benötigst du eine bessere Struktur in deinem Arbeitstag, um effektiver arbeiten zu können, sei es durch mehr Ordnung oder durch bessere Zeitplanung? ...x*
- *Kannst du eventuell einige unwichtigere Dinge delegieren, um dich selbst den wichtigen Dingen zu widmen? ...x*

Teamarbeit

- *Arbeitest du in einem Team? – Wie könnt ihr euch gegenseitig unterstützen und motivieren, um so zu dem bestmöglichen Ergebnis zu gelangen? ...x*

Ausgleich: Entspannung/Fitness/Ernährung

- *Was tust du, um dich regelmäßig zu entspannen und fit zu halten? ...x Körperliche, geistige und psychische Fitness sind die Grundlage für deinen Erfolg.*

... Und zum Abschluss stell dir bitte vor, dass all deine Ziele verwirklicht werden können, wenn du daran glaubst

und bereit bist, dich dafür einzusetzen ...x Betrachte noch einmal den Regenbogen, unter dem du stehst ...x Er verleiht dir die Kraft, deine Ziele zu erreichen ...x Stell dir vor, dass das ganze Spektrum der Farben des Regenbogens auch in dir vorhanden ist ...x Auch du trägst diese Vielfalt in dir ...x
Und mit diesem Gefühl des inneren Reichtums komm wieder zurück ins Hier und Jetzt – in diesen Raum. Atme Frische und Wachheit ein – recke und strecke dich, öffne deine Augen und sei wieder ganz wach.

Als Nächstes schreiben Sie bitte Ihre Ziele in Ihren »Ziele-Ordner«, in dem Sie auch alle weiteren Schritte notieren können, die zum Erreichen Ihres Vorhabens führen.

Das Gestalten und der Nutzen einer beruflichen Zielcollage

Als Material benötigen Sie das Gleiche wie bei der Jahres-Zielcollage, zusätzlich Prospekte oder Zeitschriften, deren Inhalt Artikel und Bilder zu Ihrem Beruf oder Berufswunsch zum Inhalt haben. Lesen Sie auch zum Vorgehen die Anleitung unter der allgemeinen Beschreibung.
Bevor Sie sich dem Gestalten Ihrer beruflichen Zielcollage widmen, finden Sie heraus, welcher der Bereiche Ihnen vorrangig erscheint, damit Sie ihm genügend Platz auf Ihrer Collage widmen können.
Ich habe festgestellt, dass jedes Jahr wieder etwas anderes in den Vordergrund rückt. Im einen Jahr habe ich beispielsweise

mein Hauptaugenmerk auf eine zusätzliche Ausbildung gerichtet, im nächsten Jahr war es wichtig, den Internetauftritt zu überarbeiten, und in einem anderen Jahr war es die Akquisitionstätigkeit, die ausgebaut werden musste.

Die Collage verhilft Ihnen neben ihrer motivierenden Eigenschaft dazu, Ihre Ziele nicht aus dem Auge zu verlieren. Am Ende des Jahres können Sie überprüfen, was Sie alles erreicht haben. Für noch nicht erreichte Ziele können Sie dann neue Strategien entwickeln.

Eine berufliche Zielcollage kann Sie auch bei einer beruflichen Neuorientierung unterstützen. Ich empfehle Ihnen dazu, eigene Fragen zu entwickeln mit all dem, was Ihnen für Ihren neuen Berufseinstieg wichtig erscheint. Mit den ausgewählten Bildern können Sie dann darstellen, wie Sie sich mit Freude und Engagement auf diesen Weg begeben und wie es aussehen könnte, in diesem Beruf zu arbeiten.

BEISPIEL FÜR EINE BERUFLICHE NEUORIENTIERUNG

Martina, 39 Jahre alt, begann ihren Berufsweg mit der Ausbildung zur Krankenschwester. Nachdem sie einige Jahre in verschiedenen Fachbereichen dieses Berufs gearbeitet hatte, spürte sie deutlich eine innere Unzufriedenheit, die daraus resultierte, dass sie durch die äußeren Vorgaben unseres Gesundheitssystems den Patienten nicht die Zeit widmen konnte, die ihr notwendig erschien.

Angeregt durch eine Berufsberatung, schloss sie eine

Ausbildung zur Heilpädagogin an. Das Berufsbild gefiel ihr vor allem deshalb, weil es in der Heilpädagogik darum geht, die Stärken des Menschen zu fördern, anstatt sich auf die Schwächen zu konzentrieren. Als Heilpädagogin arbeitete sie mit Kindern und Jugendlichen, wobei sie der Bereich, der ein Bewegungsprogramm an der frischen Luft mit einschloss, am meisten erfüllte.

Einige Jahre später las sie durch Zufall von einer Ausbildung zur Lauftherapeutin und war gleich Feuer und Flamme. Allerdings dauerte es dann doch noch ein paar Jahre, bis sie sich entschloss, die nebenberufliche Ausbildung zu beginnen. Mit ausschlaggebend waren dabei innere Bilder, die ihr während einer fortlaufenden Malgruppe immer wieder deutlich vor Augen führten, dass es sich dabei um einen großen Herzenswunsch handelte.

Das Reizvolle an ihrem jetzigen Beruf ist für sie, dass sie ihre berufliche Grunderfahrung im Bereich des Heilens und der Pädagogik mit der Freude am Laufen verbinden kann. Das Laufen war schon seit ihrem vierzehnten Lebensjahr ihre große Leidenschaft. Bereits zu Beginn der Ausbildung war ihr klar, dass sie sich voll und ganz mit dem neuen Beruf identifizieren würde.

Durch ihre Fähigkeit, die eigene Freude und Begeisterung auf andere zu übertragen, hält sie einen weiteren wichtigen Baustein in der Hand, um in ihrem neuen Beruf erfolgreich zu sein. Wichtig für sie ist dabei auch, dass sie eigenverantwortlich handeln und ihre Kreativität zum Ausdruck bringen kann.

Kaum dass sie die Ausbildung begonnen hatte, öffneten sich auch schon die ersten Türen. Ihr Arzt bot ihr eine

Zusammenarbeit an, und sie konnte bereits während ihrer Ausbildungszeit einen »Probelauf« für ihre zukünftige Tätigkeit starten. Mit einer kleinen Gruppe sammelte sie dabei erste Erfahrungen; und das Feedback der Teilnehmer zeigte, dass sie sich auf dem richtigen Weg befindet. Ihr Ziel hat sie in folgendem Satz zum Ausdruck gebracht: »Ich bringe die Lauftherapie mit Mut, Kraft und Herz erfolgreich zum Einsatz!«

Fragen auch Sie sich immer, wenn Sie einen Berufswechsel anstreben, über welches Wissen und welche Fähigkeiten Sie bereits verfügen, die Ihnen auch in einer anderen Sparte von Nutzen sein können. Wenn Sie zum Beispiel eine beratende Tätigkeit ausgeübt haben und ständig im persönlichen Kontakt mit Menschen waren, dann wird Ihnen diese Fähigkeit auch zugute kommen, wenn Sie in eine andere Branche wechseln, in der Sie beratend tätig sind.

Neben der Motivation, die Sie zum Erreichen Ihrer Ziele durch die Collage erhalten, empfehle ich Ihnen, zur Verstärkung noch den zweiten KREAMIND-Prozess zum Erreichen Ihres wichtigsten Ziels anzuschließen.

2. Der KREAMIND-Prozess zum Erreichen Ihres Ziels

Intention: Motivation und Stärkung.

MATERIAL

Zum Malen beziehungsweise Gestalten Ihres Kraftbaums brauchen Sie Papier (35 mal 50 Zentimeter oder größer [dazu eignet sich weißer Fotokarton]) und einen DIN-A4-Block mit buntem Bastelpapier.
Besorgen Sie sich auch Farben (Kreiden, Bunt- oder Wachsmalstifte), bunte Filzstifte, Gelstifte in Silber und Gold sowie eine Schere, einen Klebestift oder flüssigen Klebstoff.

Dieser KREAMIND-Prozess ist der wichtigste. Er unterstützt Sie beim Erreichen von konkreten Zielen in allen Lebensbereichen.

Das Imaginieren und Gestalten des Kraftbaums

Beginnen Sie wieder mit einer Atem- oder Entspannungsübung. Setzen Sie sich in einen bequemen Sessel und hören oder lesen Sie folgenden Text.

DIE IMAGINATION DES INNEREN KRAFTBAUMS

Spüre den Atem, wie er in deine Mitte ein- und ausströmt. Mit jedem Einatmen atmest du Ruhe und Gelassenheit ein, und mit jedem Ausatmen kannst du etwas mehr loslassen.
Und dann stell dir bitte vor, es ist ein schöner Sommertag. Der Himmel ist strahlend blau, und die Sonne scheint.
Du stehst auf einer grünen Wiese, hörst das Zwitschern der Vögel und spürst den lauen Sommerwind auf deiner Haut ...x
Und während du dich auf dieser Wiese umsiehst, entdeckst du einen Baum, der schon aus der Ferne eine positive Kraft auf dich ausstrahlt ...x
Und du fühlst dich wie magisch angezogen von der Ausstrahlung dieses Baumes ...x
Du gehst auf ihn zu, und je näher du kommst, desto mehr freust du dich, diesem Baum ganz nah zu sein. Wenn du angekommen bist, betrachtest du ihn erst einmal in Ruhe:
Seine Größe ...x
Seine sichtbaren Wurzeln ...x
Den Umfang und die Höhe seines Stammes ...x
Die Form und Farbe seiner Blätter ...x
Was ist es, was den Baum so kraftvoll auf dich wirken lässt? Ist es sein kräftiger Stamm, seine Größe, sein kräftiges Wurzelwerk, seine üppige Blätterkrone oder was ist es sonst für dich? ...x
Du kannst das Betrachten auch noch durch das Betasten

unterstützen. Spüre die Rinde: Ist sie eher rauh oder glatt? ...x
Ist sie kalt oder warm? ...x
Du kannst auch ein Blatt befühlen. Was kannst du dabei erspüren? Kannst du die Adern fühlen oder welche Form der Rand des Blattes hat? ...x
Und dann schau, ob es vielleicht Knospen, Blüten oder Früchte gibt ...x
Und zum Abschluss kannst du dich entweder auf die Erde setzen und deinen Rücken an den Baum anlehnen oder dich vor den Baum stellen und ihn umarmen, um die Kraft und Energie zu spüren, mit der dich dein Baum unterstützt ...x Und während du diese Energie in dir aufnimmst, denke an dein Ziel, das du erreichen möchtest. Stell dir bitte weiter vor, dass die Kraft des Baums dich dabei unterstützen wird ...x
Und dann bedanke dich bei deinem inneren Kraftbaum und verabschiede dich mit dem Gefühl, dass du dir jederzeit bei ihm Kraft und Energie zum Erreichen deines Ziels holen kannst ...x

Und dann komm allmählich wieder ganz zurück ins Hier und Jetzt – in deinen Sessel. Und wenn du jetzt gleich die Augen öffnest, fühlst du dich wach und gestärkt.

Bevor Sie nun beginnen, Ihren Kraftbaum zu malen, reflektieren Sie als Erstes über den Baum, der vor Ihrem inneren Auge entstanden ist, und notieren Sie die Antworten zur Beschaffenheit Ihres Kraftbaums in Ihrem »Schatzbuch«.

Als Nächstes lassen Sie Ihre Phantasiekräfte wirken, indem Sie Zusammenhänge zu Ihnen und Ihrem Ziel entstehen lassen. Wenn Ihr Baum starke Wurzeln hat, kann das beispielsweise bedeuten, dass Sie die Fähigkeit haben, mit beiden Beinen fest auf dem Boden zu stehen, oder über ein gutes Fundament für Ihr Zielvorhaben verfügen. Ein starker Stamm kann Ihre Willens- und Durchsetzungskraft spiegeln. Blätter, Blüten und Früchte können sowohl mit Ihrer Ausstrahlungskraft als auch mit dem Erreichen Ihres Ziels in Verbindung stehen.
Wichtig ist vor allen Dingen, welche gefühlsmäßige Verknüpfung Sie ganz persönlich zu den einzelnen Qualitäten Ihres Kraftbaums herstellen können.

DAS GESTALTEN DES KRAFTBAUMS

Nehmen Sie sich zirka 30 Minuten Zeit, um Ihren Kraftbaum zu malen. Malen Sie den Baum in die Mitte des Blattes und achten Sie darauf, dass sowohl die Wurzeln als auch die Krone in ihrer Gesamtheit auf das Blatt passen.

Die Zielformulierung

Formulieren Sie Ihr Ziel so, als ob Sie es bereits erreicht haben, oder doch zumindest so, als wären Sie schon auf dem besten Weg dazu. Achten Sie außerdem auf eine positive Formulierung. Das heißt, drücken Sie das aus, was Sie zukünftig wollen, und nicht das, was Sie nicht mehr wollen.

Sie können den Satz für Ihr Ziel in die Baumkrone schreiben oder aber auf weißes oder farbiges Papier und dieses in die Krone des Baums kleben.
Nachfolgend finden Sie einige Beispiele von Teilnehmern aus meinen Seminaren zu den einzelnen Lebensbereichen.

BEISPIELE POSITIVER ZIELFORMULIERUNG

Persönlichkeitsentwicklung

»Ich bringe Struktur in mein Leben und setze Prioritäten.«

»Ich grenze mich auf gesunde Weise ab.«

»Ich habe Mut und entscheide mich.«

Beruf/Finanzen

»Ich erlange finanzielle Sicherheit durch gute Aufträge.«

»Ich bestehe die Prüfung erfolgreich.«

»Ich finde eine neue Arbeit, bei der ich mein Wissen und meine Fähigkeiten einsetzen kann.«

Gesundheit

»Ich achte auf gesunde Ernährung und gönne mir Erholungspausen.«

»Ich finde zu innerer Ruhe und Gelassenheit.«

»Ich bin gesund.«

Freunde/Partnerschaft/Familie

»Ich übe und ernte Akzeptanz, Respekt und Toleranz.«

»Ich finde neue Freunde zum gegenseitigen Austausch.«

»Ich finde den Partner/die Partnerin mit gemeinsamen Interessen.«

Wohnung

»Ich finde die Wohnung, die mir gefällt und in der ich mich wohl fühle.«

»Ich trenne mich von Altem und freue mich über die neue Energie, die dadurch freigesetzt wird.«
»Ich schaffe Ordnung und gewinne Zeit.«

Ihre Kraftquellen

Spüren Sie bei den folgenden Fragen nach, was Sie alles an Kraftquellen für sich kennen, und schließen Sie nach jeder Frage kurz die Augen, um innere Bilder dazu entstehen zu lassen.
Für diese Übung benötigen Sie etwa 15 Minuten Zeit.

ÜBUNG: DIE ERMITTLUNG IHRER KRAFTQUELLEN

In welcher Art von Landschaft fühlen Sie sich besonders wohl? Wo können Sie neue Energien tanken: beim Spazierengehen durch Parks, beim Bergsteigen – oder zieht es Sie an Flüsse, Seen oder ans Meer? ...x
Genießen Sie dabei die Stille oder die Lebendigkeit? ...x
Welches Element gibt Ihnen für Ihr Ziel die meiste Kraft: Feuer, Erde, Wasser oder Luft? ...x
Welcher Duft unterstützt Sie dabei: der Duft von Blumen oder würziger Erde, die klare Gebirgsluft, der Geruch der Meeresbrise oder ein anderes Aroma? ...x
Welche Art von Bewegung bringt Ihnen neue Energie: Laufen, Schwimmen, Radfahren, Bergsteigen, Tanzen oder eine andere? ...x

Welche Art von Ernährung gibt Ihnen die Power für die Bewältigung des Alltags? ...x

Welche Farbe erfüllt Sie mit Kraft? ...x

Gibt es Bücher, die Sie inspirieren, oder eine gewisse Art von Filmen? ...x

Welche Art von Musik verleiht Ihnen neue Kraft: eine schwungvolle oder entspannende? Pop, Jazz oder Klassik? ...x

Tanken Sie neue Energie im Zusammensein mit Freunden oder Ihrer Familie? Oder stärken Sie eher Alleinsein und Ruhe? ...x

Gibt es spirituelle Kraftquellen für Sie wie Meditation oder das Lesen religiöser Texte? ...x

Gibt es Hobbys, die Ihnen Energie verleihen? ...x

Welche Kraftspender gibt es sonst noch für Sie? ...x

Wenn Sie alle Antworten in Ihrem »Schatzbuch« notiert haben, tragen Sie diese in die Wurzeln Ihres Kraftbaums ein. Sie können sie mit einem Filzstift wieder direkt daraufschreiben oder aber auf kleine (farbige) Zettel, die Sie aufkleben.

So, wie der Baum einen Großteil seiner Kraft zum Wachsen aus den Wurzeln bezieht und über den Stamm in die Äste und Zweige weiterleitet, damit Blätter, Knospen, Blüten und Früchte entstehen, so können Sie Ihre Kraftquellen nutzen und mit der dadurch entstehenden Energie Ihr persönliches Wachstum beeinflussen.

Die Gründe für Ihr Ziel

Die Gründe, warum Sie Ihr Ziel unbedingt erreichen wollen, sind der wesentliche Faktor zu Ihrer Motivation. Nehmen wir zum Beispiel als Ziel das Erlernen einer Sprache. Zunächst heißt das, Sie müssen Zeit und Geld investieren. Das ist nun keine Motivation und für viele bereits ein Argument, dieses Ziel erst einmal aufzuschieben und auf bessere Zeiten zu warten. Doch wann sind die Zeiten »besser«? In der Regel nie! Es bleibt dann beim Wunsch, der irgendwann erlischt. Also gilt es, Gründe zu finden, die Sie wirklich motivieren. Diese können verschiedenster Art sein, zum Beispiel:

»Ich kann mich mit Menschen unterhalten, die diese Sprache sprechen. Im Urlaub etwa muss ich mich dann nicht nur mit Händen und Füßen verständigen, sondern kann auch mit den Einwohnern des Landes kommunizieren und somit andere Kulturkreise und Lebensweisen besser kennenlernen.«

»Ich erwerbe eine zusätzliche Qualifikation, die mir neue Chancen für meine berufliche Laufbahn bietet: Schriftwechsel und Verhandlung mit ausländischen Geschäftspartnern, Geschäftsreisen in andere Länder oder Versetzung ins Ausland.«

»Es ermöglicht mir, ausländische Filme im Originalton zu sehen sowie Literatur anderer Völker zu lesen und damit meinen geistigen Horizont zu erweitern.«

Dazu habe ich im *SZ-Magazin* einen beeindruckenden Bericht gelesen, in dem von einem Jungen aus Korea erzählt wird, der in wenigen Monaten Deutsch gelernt hat, um Hölderlins Hymnen im Original zu lesen.

Schreiben Sie Ihre persönlichen drei Gründe, kurz formuliert, auf Zettel in der Farbe, die für Sie motivierend wirkt, und kleben Sie diese in die Mitte des Stammes!

Ihre inneren Stärken

Zum Hören oder Lesen des nächsten Textes setzen Sie sich wieder in einen bequemen Sessel oder legen sich in Rückenlage auf eine Matte am Boden.

PHANTASIEREISE: ENTDECKEN INNERER STÄRKEN

Spüre deinen Atem, wie er in dich ein- und wieder ausfließt wie sanfte Wellen, die kommen und gehen; und während du dich einige Atemzüge lang ganz auf diesen Rhythmus einlässt, wirst du ruhiger und gelassener ...
Und dann stell dir bitte vor deinem geistigen Auge vor, du befindest dich auf dem Weg zu einer weisen Frau, die dir etwas über deine Stärken erzählen wird. Wähle dir dazu einen Weg in einer Landschaft, die dir dafür geeignet erscheint ...x
Als Nächstes schau, in welcher Behausung dich die weise Frau empfangen wird: Ist es ein Haus, eine Hütte, ein Zelt, ein Schloss oder ein Tempel – oder erwartet sie dich an einem Platz in der freien Natur? ...x
Betrachte die Umgebung, in der sie lebt, und dann klopfe, klingle oder ruf nach ihr ...x
Sie hat schon auf dich gewartet und bittet dich, Platz zu

nehmen. Als Nächstes betrachte die weise Frau. Wie sieht sie aus? ...x
Sie weiß bereits, dass du ein bestimmtes Ziel vor Augen hast, und fragt dich nach drei Erfolgserlebnissen, die du in deinem Leben gehabt hast und die dir gerade spontan einfallen. Das kann sowohl eine bestandene Prüfung als auch jedes andere Erlebnis sein, welches dir das Gefühl des Erfolgs vermittelt hat ...x
Als Nächstes will sie von dir wissen, welche deiner besonderen Charaktereigenschaften oder Fähigkeiten dir zu diesen Erfolgen verholfen haben. Und während du dir diese Erlebnisse noch einmal vor Augen führst, ergründest du alle Stärken, die dir dazu einfallen ...x
Sie lächelt und freut sich über die Antworten, die du dir selbst gegeben hast.
Zum Abschluss erhältst du noch die Gelegenheit, nach einem Symbol zu fragen, das dir helfen wird, dein Ziel zu erreichen. Sie malt dir das Symbol auf ein Blatt Papier und überreicht es dir ...x
Du betrachtest es und bedankst dich ...x

Und dann kommst du in deinem Rhythmus wieder zurück ins Hier und Jetzt – in diesen Raum – mit der Gewissheit, dass du, wann immer du willst, wieder Kontakt mit deiner weisen Frau aufnehmen kannst ...x
Du öffnest deine Augen und fühlst dich innerlich gestärkt und ganz wach.

Fertigen Sie eine kurze Skizze des Symbols an und reflektieren Sie noch einige Minuten über die Aussagekraft Ihrer inneren Bilder, bevor Sie sich alle Stärken in Ihrem »Schatzbuch« notieren.
Schreiben Sie dann Ihre Stärken wieder auf farbige Zettel und kleben Sie diese neben die rechte Seite des Baumstamms. Ergänzen Sie sie mit allen Ihrer Ihnen bereits bekannten Fähigkeiten und Talente, die Ihnen zum Erreichen Ihres Ziels nützlich sein können.

Ist Ihnen diese Übung leicht- oder schwergefallen?
In meiner Seminartätigkeit habe ich die Erfahrung gemacht, dass das Erkennen der eigenen Stärken oft recht schwerfällt. Da meiner Ansicht nach in unserer Gesellschaft sehr sparsam mit Lob und Anerkennung umgegangen wird, ist das auch kein Wunder. Wer von sich und seinen Fähigkeiten überzeugt ist, wird schnell zum »Angeber« abgestempelt. Dies ist auch einer der Gründe, warum ich mich in meiner Arbeit auf das Herausfinden der Stärken und nicht auf die Beschäftigung mit den Schwächen konzentriere. Ich habe immer wieder erfahren, dass das Erkennen der Stärken Schwächen zurücktreten lässt.
Als Gastdozentin in einem Gymnasium habe ich mit den Jugendlichen einmal eine Übung gemacht, in der sie sich nach einer kurzen Entspannungsübung ihrer größten Stärke bewusst werden sollten. Daraufhin sollte die gefundene Stärke symbolisch in einer Form aus Ton dargestellt werden.
Als ich die Schülerinnen und Schüler fragte, wie ihnen die Übung denn gefallen habe, waren sie davon sehr begeistert und sagten, es wäre das erste Mal gewesen, dass sie im Unter-

richt gezielt nach ihren Stärken gefragt worden seien. Noch interessanter war es, als sie in der Folge ihre einzelnen Tonobjekte zu einer gemeinsamen Komposition zusammenfügen sollten. Dadurch wurde deutlich, welche Wichtigkeit die/der Einzelne in der Gemeinschaft hat und welche Kraft durch die Zusammenführung der einzelnen Stärken entsteht.
Wenn Sie zukünftig noch mehr über Ihre Stärken erfahren wollen, dann nutzen Sie die Symbolkraft Ihrer inneren Bilderwelt. Den inneren Kraftbaum haben Sie bereits kennengelernt. Erforschen Sie Schritt für Schritt auch das Aussehen Ihrer inneren Blume, Ihres inneren Kraftplatzes und Ihres inneren Krafttiers. Lassen Sie sich durch die Kraft der Symbole inspirieren und motivieren.

Unterstützungsmaßnahmen und das Erstellen eines Zeitplans

Finden Sie drei Antworten, wo und wie Sie sich im Außen Hilfe und Unterstützung zum Erreichen Ihres Ziels holen können. Dabei kann es sich um Hilfsmittel wie zum Beispiel Bücher oder Kurse handeln, aber auch um Personen, die Sie mit ihrem Wissen und ihrer Erfahrung unterstützen können.
Schreiben Sie diese links neben den Baumstamm.

Zum Thema Hilfe und Unterstützung zählt auch die Kraft Ihrer Gedanken und Ihrer Worte. Jeder Gedanke hat seine eigene Energie. Positive Gedanken setzen positive Energien in Kraft, während negative Gedanken negative Energien aussenden.

Richten Sie deshalb Ihre Gedanken auf das Erreichen Ihres Ziels und nicht auf ein mögliches Versagen aus. Glauben und vertrauen Sie darauf, dass Sie Ihr Ziel erreichen werden.
Schreiben Sie zur Unterstützung Ihren Zielsatz als Affirmation auf mehrere kleine Zettel. Sie können sich diese Zettel zum Beispiel an Ihren Badezimmerspiegel kleben oder in Ihr Portemonnaie stecken, also an Orte, an denen Sie immer wieder darauf aufmerksam gemacht werden.
Denken Sie zur Unterstützung Ihres Vorhabens auch daran, welche weiteren Auswirkungen mit der gelungenen Umsetzung Ihres Ziels verbunden sein können. Dadurch werden Sie den Grad Ihrer Motivation deutlich erhöhen. Wenn Sie beispielsweise den Führerschein machen, dann ist das vordergründige Ziel, dass Sie die Fahrprüfung bestehen. Die Auswirkung davon ist, dass Sie berechtigt sind, Auto zu fahren, und dadurch im wahrsten Sinn des Wortes mobiler werden. Sie brauchen sich nicht nach irgendwelchen Fahrplänen zu richten, sondern Sie sind unabhängig.
Finden Sie nun einen Platz in Ihrer Wohnung, an dem Sie das Bild von Ihrem Kraftbaum aufhängen, so dass Sie sich jeden Tag aufs Neue auf das Erreichen Ihres Ziels einstellen können.

Setzen Sie sich dann einen möglichst realistischen Zeitplan, bis wann Sie Ihr Ziel erreicht haben wollen, und planen Sie die einzelnen Schritte zum Erreichen Ihres Ziels. Notieren Sie Ihre Vorgehensweise in Ihrem »Ziele-Ordner«.
Falls es sich um ein größeres Ziel handelt, teilen Sie es in mehrere Abschnitte. Wichtig ist, dass Sie den ersten Schritt so schnell als möglich machen und zwischendurch immer wieder

Erfolgserlebnisse verzeichnen können, damit Sie Ihre Begeisterung nicht verlieren. Manchmal ist es nur ein Telefonanruf, der Sie wieder ein Stück weiterbringt.

Der Kontakt mit Ihrem Kraftbaum

Bevor Sie mit der nun folgenden Übung beginnen, nehmen Sie noch einmal eine Verbindung zu Ihrem inneren Kraftbaum auf.

KÖRPERÜBUNG: SICH ALS KRAFTBAUM FÜHLEN

Sprechen Sie laut folgende Worte und spüren Sie die Kraft und die Freiheit:
»Wachsen wie ein Baum« – stellen Sie sich am besten barfuß mit leicht gegrätschten Beinen aufrecht hin und spüren Sie den Boden unter Ihren Füßen.
»In die Höhe« – strecken Sie Ihre Arme in die Höhe und stellen Sie sich auf die Zehenspitzen.
»In die Tiefe« – beugen Sie Ihren Körper vornüber nach unten, lassen Sie Arme und Kopf locker hängen und berühren Sie mit Ihren Handflächen den Boden (wenn es geht).
»Mit ausgebreiteten Armen« – richten Sie sich wieder auf, strecken Sie Ihre Arme seitwärts nach außen und drehen Sie sich mit den ausgebreiteten Armen langsam rechtsherum im Kreis.
Wiederholen Sie diese Übung mindestens dreimal. Und

denken Sie dabei daran, dass Sie mit der Kraft Ihres imaginierten Baums Ihr Ziel erreichen werden und dabei in jeder Hinsicht wachsen.

Suchen Sie sich einen Kraftbaum in der Natur, der eine Ähnlichkeit mit Ihrem inneren Kraftbaum aufweist, und nehmen Sie Kontakt mit ihm auf.
Auf welche Weise Sie das tun, bleibt Ihnen überlassen. Sie können den Baumstamm umarmen oder mit Ihren Handflächen an seinem Stamm entlangstreichen und die Energie spüren, die von ihm auf Sie ausstrahlt. Sie können sich aber ebenso auf die Erde zwischen seine Wurzeln setzen und wie in der Imaginationsübung Ihren Rücken an seinen Stamm lehnen.

Erfahrungen mit dem inneren Kraftbaum

Im Folgenden finden Sie wieder eine Auswahl an Beispielen aus meiner Praxis, die das bisher Gesagte anschaulich machen sollen.

BEISPIEL: GESUND WERDEN

Martina S., Mitte 50, Krankenschwester
Ziel: Ich bin gesund!
Nach einer Erkrankung an Brustkrebs mit Operation und anschließender Chemotherapie hatte Martina sich so weit erholt, dass sie wieder in ihren beruflichen Alltag zurück-

kehren konnte. Das Thema Gesundheit hatte durch die Auseinandersetzung mit der Diagnose Krebs einen hohen Stellenwert bekommen, so dass ihr höchstes Ziel »Ich bin gesund« lautete. Unter diesem Motto ließ sie sich auf den Prozess zum Erreichen ihres Ziels ein.

Martina sah während der Imagination einen Baum vor sich, den sie aus dem realen Leben kannte. Es handelte sich dabei um eine Linde, die auf einem Hügel steht und deren Stamm so gewachsen ist, dass sie sich in die Mitte des Baums setzen kann und sich geborgen fühlt.

Auf dem Bild, das sie gemalt hat, nimmt der Hügel einen sehr wichtigen Teil ein. Er stellt für sie die Verbindung zur Erde dar. In ihm sind die vielen Wurzeln des Baums verankert. Die Erde ist das Element, das ihr zurzeit am meisten Kraft gibt.

Der Stamm der Linde ist weit verzweigt. Für das Blattwerk hat sie ein sehr frisches Grün gewählt. Auch beim Erforschen ihrer Kraftquellen spielt Grün eine wichtige Rolle: Es ist die Farbe, die ihr für die Gesundheit am meisten Kraft gibt.

Die drei Gründe, die sie auf ihrem Weg zum Ziel »Ich bin gesund« unterstützen, sind »Ich will leben und erleben«, »Ich will das Leben genießen« und »Ich will wieder richtig aktiv sein können«.

Auf der Suche nach ihren Stärken hat sich herauskristallisiert, dass es neue Stärken sind, die ihr jetzt helfen, gesund zu bleiben. Und zwar sind es Entschlossenheit, Temperament und Stolz. Diese drei Stärken geben ihr die Kraft, zu bestimmen, was ihr guttut. Das heißt auf den Alltag übertragen, dass sie sich sowohl im beruflichen wie im

privaten Bereich traut, klar ihre Meinung zu äußern und da, wo es nötig ist, Grenzen zu setzen.
Das Symbol, das ihr die weise Frau aufgemalt hatte, war eine Lemniskate, also eine liegende Acht. Martina malte die Lemniskate mit Ölkreiden zunächst in den Farben Gelb und Grün, und dann kam als neue Farbe Orange dazu für das neue Temperament.

Wie wichtig das Hinterfragen des eigentlichen Ziels ist, möchte ich Ihnen an folgendem Beispiel zeigen.

BEISPIEL: DAS HINTERFRAGEN DES ZIELS

Elke R., Künstlerin, 67 Jahre, verheiratet, Mutter und Großmutter

Ziel: Ich bin geduldiger! – Ich stehe mit gutem Gewissen zu meinen Bedürfnissen!

Elke hatte sich ihr Ziel bereits im Vorfeld überlegt. Sie äußerte, dass sie geduldiger werden wollte. Bei genauerem Nachfragen, was das konkret für sie bedeute, sagte sie: »Es gibt immer wieder Situationen in meinem Leben, in denen Anforderungen an mich gestellt werden, denen ich nur widerwillig nachkomme und deshalb ärgerlich werde.«
Bereits als sie das ausgesprochen hatte, war ihr klargeworden, dass Geduld das Gegenteil von dem wäre, was sie eigentlich wollte, nämlich mehr zu ihren eigenen Bedürfnissen zu stehen. Sie meinte auch, dass sie ein schlechtes Gewissen habe, wenn sie nicht das tue, was andere von ihr erwarten. Mit dem neu formulierten Zielsatz »Ich ste-

he mit gutem Gewissen zu meinen Bedürfnissen!« fühlte sie sich um vieles besser.
Die drei Gründe, warum sie ihr Ziel unbedingt erreichen wollte, sind »Mein inneres Kind freut sich«, »Ich bin zufrieden und stolz« und »Ich gewinne Zeit für mich«.
Bereits kurze Zeit später berichtete Elke von ihrem ersten Erfolgserlebnis.

Ein weiteres Beispiel:

BEISPIEL: FINANZIELLE SICHERHEIT

Ursula M., Anfang 50, Unternehmerin im Marketingbereich
Ziel: Ich habe finanzielle Sicherheit durch lukrative Aufträge und ernte berufliche und persönliche Anerkennung!
Die Unternehmerin, die gemeinsam mit ihrem Mann in der Werbung tätig ist, berichtete, in ihrer Branche gebe es, bedingt durch die momentane Wirtschaftssituation, immer wieder Durststrecken zu überwinden. Wenn die Auftragslage schlecht sei, sinke dementsprechend auch ihre Stimmung. Das heißt, dass sie auch eine ihrer größten Stärken nicht leben konnte, nämlich gute Stimmung im Team zu verbreiten. Da sie der Hauptmotivator in ihrem Team sei, sei es außerordentlich wichtig, dass sie diese Kraft nicht verliere.
Durch die Arbeit mit ihrem inneren Kraftbaum ist ihr klargeworden, wie wichtig es ist, sich auf ihr Ziel zu konzen-

trieren, statt sich zu beklagen. Wenn sie sich ihre Zielformulierung zusammen mit ihren drei wichtigsten Motivationsgründen vergegenwärtigt, fühlt sie sich sofort besser. Es sind dies die Sätze »Ich fühle mich innerlich ruhig und stark«, »Ich kann guten Gewissens genießen« und »Ich freue mich des Lebens«.
Durch die gedankliche Ausrichtung auf Erfolg bekam sie wieder neuen Schwung. Wie sie sagte, sei ihr Kopf nun frei für neue Ideen zu ihrer Eigenwerbung, die Organisation klappe besser, und sie habe an persönlicher Ausstrahlung gewonnen.
Beim Malen des Kraftbaums war ihr der schwarze Stamm sehr wichtig. Er steht symbolisch für die schwarzen Zahlen auf dem Konto. Ebenso wichtig ist auch die schwarze Umrandung der Baumkrone. Sie versinnbildlicht, dass erzielte finanzielle Gewinne mehr Beständigkeit haben.
Um sich selbst zu motivieren, nutzt sie verstärkt ihre Kraftquellen. Bei der Frage, welche Farbe sie am meisten unterstützte, hat sie vier Farben gefunden. Dadurch inspiriert, entstand spontan eine Komposition in Gelb, Orange, Grün und Schwarz. Wenn sie dieses Bild betrachte, sagt sie, fühle sie sofort neue Power:

- *Das sonnige Gelb steht für das »sonnige Gemüt«, das sie ausstrahlt.*
- *Orange symbolisiert für sie die kreative Kraft,*
- *Grün die Hoffnung und*
- *Schwarz steht wie schon erwähnt für die schwarzen Zahlen auf dem Konto.*

3. Der KREAMIND-Prozess zum Bestehen von Prüfungen oder prüfungsähnlichen Situationen

Intention: Selbstvertrauen stärken, Wissen leichter abrufbar machen, Sicherheit gewinnen.

MATERIAL

Sie brauchen ein Blatt Papier (35 mal 50 Zentimeter), Ölpastell-, Wachsmalkreiden oder Buntstifte.

Der dritte KREAMIND-Prozess ist geeignet für Erwachsene wie auch für Kinder und Jugendliche, die kurz vor einer Prüfung oder einer prüfungsähnlichen Situation stehen, zum Beispiel einem Bewerbungsgespräch.
Er lässt sich sehr gut mit dem vorhergehenden KREAMIND-Prozess kombinieren. Er unterstützt Sie durch seine suggestive Wirkung hauptsächlich in der Prüfungssituation, während Ihnen der vorangegangene aufzeigt, was Sie alles benötigen, um die Prüfung erfolgreich zu bestehen.

Die Einstimmung

Sie können in der nachfolgenden Phantasiereise die Wörter »Bestehen der Prüfung« durch die konkrete Bezeichnung der

Situation ersetzen. Wenn es sich beispielsweise um ein bevorstehendes Bewerbungsgespräch handelt, können Sie »Ihr Ziel« noch ergänzen durch die genaue Benennung wie zum Beispiel »die Arbeitsstelle zu bekommen«.

PHANTASIEREISE ZUM BESTEHEN VON PRÜFUNGEN ODER ZUM ERREICHEN KONKRETER ZIELE

Setz dich bequem auf deinen Stuhl und schließe deine Augen. Achte darauf, dass deine Beine nicht übereinandergeschlagen sind und du mit beiden Füßen den Boden berührst. Sitze möglichst aufrecht, so dass dein Atem frei durch deinen Körper fließen kann.
Spüre, wie dein Atem in deine Mitte ein- und ausströmt und wie sich dein Brustkorb beim Einatmen etwas hebt und beim Ausatmen wieder senkt.
Mit jedem Einatmen atmest du Ruhe und Gelassenheit ein, und bei jedem Ausatmen kannst du etwas mehr loslassen.
Geräusche von außen sind gleichgültig. Gedanken, die auftauchen, lässt du einfach gehen – wie Wolken, die am Himmel vorüberziehen.
Du spürst den Boden unter deinen Füßen und den Kontakt mit dem Stuhl, auf dem du sitzt.
Mit jedem Atemzug wirst du ruhiger und gelöster.
Und während du weißt, dass dein Körper hier ganz sicher und geborgen sitzt, kannst du mit deiner Phantasie auf Reisen gehen.

Stell dir vor, es ist ein wunderschöner Sommermorgen. Der Himmel ist strahlend blau, und du spazierst über eine saftig grüne Wiese. Die Tauperlen auf dem Gras glitzern wie Edelsteine in der Sonne ...x
Vögel zwitschern aus voller Herzenslust, und vielleicht spürst du, wie sich auch in deinem Herzen ein Gefühl von Freude ausbreitet – Freude und Heiterkeit – und du Lust bekommst, diese Heiterkeit nach außen dringen zu lassen: zu hüpfen, zu tanzen oder zu singen und den Tag so auf deine Art und Weise zu begrüßen ...x
Dein Weg führt dich zu einer Quelle, die aus einer Öffnung zwischen zwei Felsen strömt. Du betrachtest diese sprudelnde Quelle mit ihrem reinen, klaren Wasser und verspürst Lust, dich zu erfrischen. Mit beiden Händen fängst du das klare Wasser aus der Quelle auf und kannst jetzt so viel trinken, wie du gern möchtest. Nimm dir Zeit und genieße Schluck für Schluck ...x
Spüre den frischen Geschmack auf deiner Zunge und spüre auch, wie mit jedem Schluck ein Gefühl von Vertrauen in dir zu wachsen beginnt, ein Vertrauen in dich und deine Fähigkeiten, dass du deine Prüfung bestehen (dein Ziel ... erreichen) wirst ...x Und dann setzt du deinen Weg fort und durchwanderst einen lichten Wald. Du spürst die Erde unter deinen Füßen ...x
Mal ist sie ganz weich und von Moos bedeckt, dann wieder ist sie von Wurzeln durchzogen ...x
Und wenn du jetzt auf eine Wiese kommst, taucht vor dir ein Berg auf, der wie ein riesiger durchsichtiger Kristall wirkt. Du gehst auf ihn zu und bist ganz begeistert von seinem Aussehen ...x

Und wenn du mit der Hand die Oberfläche des Gesteins berührst, um zu spüren, wie sie sich anfühlt, öffnet sich der Berg lautlos, und du trittst in einen Raum, dessen Inneres durch das sich brechende Sonnenlicht in allen Regenbogenfarben schillert ...x
In der Mitte des Raums steht eine Schatztruhe. Sie ist mit einem schmiedeeisernen Schloss versehen, in dem ein Schlüssel steckt, den du nur noch umzudrehen brauchst, um die Truhe zu öffnen.
Erwartungsvoll hebst du den Deckel und entdeckst drei Dinge: einen Brief, der an dich gerichtet ist, ein großes dickes Buch mit dem Titel »Dein Wissen« und einen Edelstein ...x
Du nimmst als Erstes den Brief in die Hand und erfährst, dass es sich bei diesem Buch um ein magisches Buch handelt. In dem Buch ist all das Wissen, das du zum Bestehen deiner Prüfung (zum Erreichen deines Ziels ...) benötigst und jederzeit abrufen kannst, wenn es verlangt wird.
Und je mehr Wissen du dir aneignest, desto mehr beginnt sich das Buch zu füllen ...x
Der Edelstein ist das Symbol für deine innere Kraft, die es dir ermöglicht, alle Fragen sicher zu beantworten. Du nimmst ihn in deine Hand und hast nun genügend Zeit, ihn in Ruhe zu betrachten: seine Farbe, seine Form und wie er sich anfühlt ...x
Mit dem Buch unter dem Arm und dem Edelstein in deiner Hand verlässt du nun wieder diesen Raum und trittst nach draußen, während sich der Berg genauso lautlos hinter dir schließt, wie er sich geöffnet hat.
Du gehst den gleichen Weg zurück, den du gekommen

bist, aber auf irgendeine Art und Weise scheint sich die Landschaft verändert zu haben. Du nimmst alles viel stärker wahr: die Farben und Formen, Geräusche und Düfte ...x
Und du spürst, wie auch du dich verändert hast. Du spürst ein Gefühl von Sicherheit und Kraft in dir, das sich in deinem ganzen Körper ausbreitet ...x Und du kannst dir bereits vorstellen, wie du deine Prüfung meisterhaft bestanden (dein Ziel ... erreicht) hast ...x
Wie siehst du aus? ...x
Was nimmst du an Stimmen und Geräuschen wahr? ...x
Und was fühlst du? Ist es Freude, Stolz, Glück oder Dankbarkeit oder vielleicht alles gemeinsam? ...x
Du weißt, du hast es in der Hand – du bist der Meister/die Meisterin deines Lebens. Du kannst alle Ziele erreichen, die dir wichtig sind ...x

Und mit diesem Gefühl kommst du nun gestärkt und voller Vertrauen wieder zurück ins Hier und Jetzt – in diesen Raum.
Du atmest Frische und Wachheit ein – kannst dich recken und strecken und deine Augen wieder öffnen.

Im Anschluss notieren Sie alle wichtigen Eindrücke, die Sie während der Phantasiereise erhalten haben, in Ihrem »Schatzbuch«. Reflektieren Sie vor allen Dingen über den Edelstein. Was sagt Ihnen seine Farbe und seine Form? Finden Sie mindestens drei positive Eigenschaften des Steins, die Sie stärken.

Legen Sie sich bei Gelegenheit einen Kraftstein zu. Kraftsteine aller Art finden Sie in Geschäften für Mineralien wie auf speziellen Messen. Manchmal gibt es auch in Kaufhäusern eine ganz gute Auswahl. Entweder entscheiden Sie spontan nach Gefühl, welcher Stein Ihnen zusagt, oder Sie lassen sich über die Wirkung der einzelnen Steine beraten und entscheiden dann, welchen Sie am dringendsten benötigen.
Diesen Kraftstein können Sie als Talisman bei der Prüfung mit sich führen.

Das Bewusstwerden und Darstellen Ihrer größten Stärke

Beantworten Sie spontan die folgende Frage: Welches ist Ihre größte Stärke, die Sie beim Bestehen der Prüfung beziehungsweise beim Erreichen Ihres Ziels unterstützen kann?
Malen Sie dann Ihre größte Stärke. Stellen Sie sie symbolisch in einem Bild dar. Wenn Ihre größte Stärke innere Gelassenheit ist, dann können Sie diese etwa als eine Waage darstellen, die sich im Gleichgewicht befindet. Ist Ihre größte Stärke Ihr Fachwissen, könnte dies symbolisch etwa mit einem Kopf umgesetzt werden, in dessen Gehirn Bücher gezeichnet sind. Falls Ihre größte Stärke Ihre Redegewandtheit ist, dann könnte dies durch einen Springbrunnen dargestellt werden.
Ich bin sicher, Sie finden ein passendes Symbol für Ihre Stärke, das Ihnen dann in der Prüfungssituation Kraft geben kann.

Affirmationen

Um sich Ihrer größten Stärke bewusst zu sein, können Sie diese auch durch Affirmationen bekräftigen. (Die Wirkung und das Formulieren von Affirmationen habe ich bereits im Kapitel »4. Der Schlüssel für Bewusstseinsprozesse« beschrieben.) Zum Beispiel: »Meine innere Ruhe hilft mir, alle Fragen sicher zu beantworten«, »Mein fachliches Wissen führt mich zum Erfolg« oder »Ich überzeuge durch meinen verbalen Ausdruck«.

Neben dem Vergegenwärtigen Ihrer Stärken können Sie durch die autosuggestive Kraft der Affirmationen auch Schwächen in Stärken verwandeln, etwa folgendermaßen:
Wenn Sie das nötige Wissen haben, um die Prüfung zu bestehen, Sie aber im entscheidenden Moment ein Blackout bekommen, kann Ihnen dieser Satz helfen: »Mein Wissen ist jederzeit abrufbar.«
Wenn Sie dazu neigen, Prüfungsfragen schnell zu überfliegen und dadurch entscheidende Punkte zu überlesen, kann Ihnen folgende Affirmation von Nutzen sein: »Das ruhige und konzentrierte Lesen der Aufgaben verhilft mir zum Erfolg.«
Wenn Sie Angst haben, dass Sie sich bei einer mündlichen Prüfung nicht richtig ausdrücken können: »Ich finde die richtigen Worte und zeige meine fachliche Kompetenz.«

Weitere Affirmationen, die für Prüfungssituationen relevant sein können:
»Ich bin ruhig, entspannt und voller Konzentration.«
»Ich kann die Aufgaben lösen.«

- »Ich vertraue darauf, dass mein Geist mich führt.«
- »Ich bin intelligent und kreativ.«
- »Ich glaube an mich und meine Kräfte.«

Vision, Glaube und der richtige Umgang mit Enttäuschungen

Machen Sie sich ein genaues Bild, eine Vision davon, wie es aussieht, wenn Sie Ihre Prüfung bestanden (Ihr Ziel erreicht) haben. Wie sehen Sie aus? Wie fühlen Sie sich? Was sagt man zu Ihnen?
Das könnte zum Beispiel so lauten: »Ich strahle Freude aus. Ich bin glücklich und stolz. Ich werde von allen Seiten beglückwünscht.« Führen Sie sich Ihre Wunschsituation immer wieder vor Augen.

Wichtig ist auch der Glaube: Glauben Sie an das Gelingen Ihrer Prüfung! Je mehr Sie vom Bestehen überzeugt sind, umso mehr Erfolg werden Sie haben.
Sollten Sie trotz aller Vorbereitungen eine Prüfung nicht bestehen, beschimpfen Sie sich nicht selbst als Versager, sondern fragen Sie sich, woran es möglicherweise gelegen hat und was Sie beim nächsten Mal besser machen können.
Eine weitere Sichtweise ist die, dass, falls etwas nicht klappt, bereits etwas Besseres auf Sie wartet. Wenn Sie beispielsweise nach einem Bewerbungsgespräch eine Absage erhalten, kann es sehr gut sein, dass noch ein besseres Angebot auf Sie zukommen wird.
Bei einer nicht bestandenen Prüfung haben Sie möglicherwei-

se den Stoff noch nicht so verinnerlicht, dass er wirklich abrufbar ist. Also lohnt sich ein weiteres Vertiefen in die jeweilige Materie, um das erworbene Wissen auch in die Praxis umsetzen zu können.

Erfahrungen mit Jugendlichen

Immer mehr Kinder und Jugendliche leiden unter Prüfungsängsten und den damit verbundenen Symptomen. Die in diesem KREAMIND-Prozess vorgestellten Übungen sind vor allem auch mit Schülerinnen und Schülern gut durchführbar und eignen sich, ihnen Selbstvertrauen zu vermitteln.
Eine Mutter erzählte mir freudestrahlend von einem Erlebnis mit ihrem dreizehnjährigen Sohn. Sie hatte ihm die Phantasiereise das erste Mal am Tag vor einer Englisch-Schulaufgabe vorgelesen. Felix, der zu diesem Zeitpunkt in Englisch ein eher mittelmäßiger Schüler war, schrieb daraufhin eine Eins und die beste Arbeit in der Klasse.
Und bei einem Kurs für Schüler mit dem Thema »Prüfungsängste abbauen – Selbstvertrauen gewinnen« erzählte mir der elfjährige Patrick nach der Phantasiereise: »Mein Buch mit dem Wissen hatte lauter leere Seiten, aber es stand darin der Hinweis, dass es höchste Zeit wäre zu lernen.«
Als Patrick zwei Wochen später eine Drei im Diktat bekam, war er sehr glücklich darüber, denn bisher hatte er meist Vieren oder sogar Fünfen mit nach Hause gebracht. In einer anderen Phantasiereise tauchte dann das Buch wieder auf, das mit folgendem Hinweis versehen war: »Patrick hatte eine Drei im Diktat.« Er und seine Eltern haben sich sehr gefreut.

4. Der KREAMIND-Prozess zur Veränderung von Verhaltensmustern und Sichtweisen

Intention: neue Wege finden und erproben – Flexibilität im Verhalten trainieren.

MATERIAL

Sie brauchen drei Bogen Papier (35 mal 50 Zentimeter), bunte Kreiden oder Stifte sowie Bildpostkartenbücher mit Landschaften oder Natursymbolen.

Dieser Prozess ist geeignet für alle, die sich in einem bestimmten Lebensbereich unglücklich oder unzufrieden fühlen oder immer wieder in unangenehme Situationen geraten.
Bei der Veränderung von Verhaltens- und Sichtweisen gibt es vielerlei Ansätze.

Das Alte loslassen, um Neues zu wagen

Wenn ich jemanden, der sein Leid beklagt, danach frage, was er denn verändern könne, damit es ihm besser gehe, gibt man mir anfangs häufig vor allem die drei folgenden Argumente als Antwort:

- »Die anderen Leute oder die Umstände sind schuld daran, und da sich die anderen Leute nicht ändern werden, kann ich selbst auch nichts tun.«
- »Es hat gar keinen Sinn, meine Wünsche und Bedürfnisse zu äußern. Ich brauche mich gar nicht erst zu bemühen, es ändert eh nichts.« Oder aber:
- »Das habe ich schon ausprobiert, es hat jedoch auch nichts genutzt.«

Alle diese Aussagen haben vordergründig etwas mit Resignation zu tun. Dahinter steckt aber oftmals die Angst vor Konflikten, Ablehnung, Verletzung und Liebesentzug.
Wichtig ist erst einmal, dass Sie wirklich etwas zum Besseren verändern wollen und bereit sind, Ihr Leben selbst in die Hand zu nehmen. Sehr hilfreich ist es, wenn Sie sich diesen Zustand auch schon bildhaft vorstellen können, selbst wenn Ihre momentane Situation noch weit davon entfernt ist.
Jede Veränderung beginnt damit, dass Sie Altes loslassen, um Neues zu wagen. Lesen Sie zunächst die folgende Geschichte:

ALTES LOSLASSEN, NEUES BEGINNEN

(Aus: Sogyal Rinpoche, Das tibetische Buch vom Leben und Sterben. Ein Schlüssel zum tieferen Verständnis von Leben und Tod, mit einem Vorwort des Dalai Lama, übersetzt aus dem Englischen von Thomas Geist. © O.W. Barth 1993. Alle Rechte vorbehalten S. Fischer Verlag GmbH, Frankfurt am Main.)

1.
Ich gehe die Straße entlang.
Da ist ein tiefes Loch im Gehsteig.
Ich falle hinein.
Ich bin verloren ...
Ich bin ohne Hoffnung.
Es ist nicht meine Schuld.
Es dauert endlos, wieder herauszukommen.

2.
Ich gehe dieselbe Straße entlang.
Da ist ein tiefes Loch im Gehsteig.
Ich tue so, als sähe ich es nicht.
Ich falle wieder hinein.
Ich kann nicht glauben, schon wieder
am gleichen Ort zu sein.
Aber es ist nicht meine Schuld.
Immer noch dauert es sehr lange, herauszukommen.

3.
Ich gehe dieselbe Straße entlang.
Da ist ein tiefes Loch im Gehsteig.
Ich sehe es.
Ich falle immer noch hinein ...
... aus Gewohnheit.
Meine Augen sind offen.
Ich weiß, wo ich bin.
Es ist meine eigene Schuld.
Ich komme sofort heraus.

4.
Ich gehe dieselbe Straße entlang.
Da ist ein tiefes Loch im Gehsteig.
Ich gehe darum herum.

5.
Ich gehe eine andere Straße.

Diese Geschichte soll zeigen, dass Sie eine Lösung finden, wenn Sie bereit sind, die Eigenverantwortung und Initiative zu übernehmen. Ein weiterer Aspekt ist, dass vor allem die veränderte Sichtweise dazu beiträgt, das Verhalten zu verändern.
In welches »Loch« fallen Sie immer wieder? Versuchen Sie mit Hilfe der folgenden Übung herauszubekommen, wie Sie eine Lösung finden können.

ÜBUNG: NICHT MEHR INS »LOCH« FALLEN

Beschreiben Sie zunächst eine unangenehme Situation, in die Sie stets aufs Neue geraten, und wen oder welche Umstände Sie dafür verantwortlich machen.
Fragen Sie sich: Welche negativen Gefühle sind damit für mich verbunden?
Malen Sie dann das Ausgangsbild. (»Wo stehe ich?«)
Schließen Sie die Augen und lassen Sie zu Ihren Gedanken und Gefühlen für die unangenehme Situation, in die Sie immer wieder geraten, ein Bild in Ihrem Geiste entstehen.

Malen Sie dieses Bild. Das gelingt meist am besten, wenn Sie es in eine einfache symbolische Form verwandeln.

Lenken Sie nun Ihre Gedanken in die positive Veränderung der Situation (»die andere Straße«). Wie wäre der Idealzustand und welche angenehmen Gefühle würden dadurch erzeugt?
Fragen Sie sich: Sind die angenehmen Gefühle es wert, dass ich nach einer »anderen Straße« suche? Wenn Sie diese Frage nicht mit einem eindeutigen Ja beantworten können, dann überprüfen Sie, ob Sie bis an Ihr Lebensende immer wieder in dieselben Löcher fallen wollen.
Malen Sie dann die ideale Situation. (»Wonach strebe ich?«)
Versuchen Sie anhand des Ausgangsbildes eine Lösung im Bild zu finden. Wie kann sich das Bild verändern, damit es die Ideallösung widerspiegelt?

Trennen Sie sich von den Gedanken, anderen die Schuld zu geben, und übernehmen Sie die Verantwortung! Fragen Sie sich, was Sie selbst ändern können. Falls sich an der Situation wirklich nichts ändern lässt, können Sie zumindest Ihre Einstellung dazu modifizieren.

Für das Malen oder Skizzieren beider Situationen (auf getrennten Blättern) nehmen Sie sich insgesamt etwa eine halbe Stunde Zeit. Dann malen Sie das Lösungsbild. (Wie erreiche ich mein Ziel?)
Wenn Sie beide Bilder vor sich liegen haben, können Sie sie auf sich wirken lassen und intuitiv ein drittes entste-

hen lassen, auf dem der Weg dargestellt wird, der vom einen zum anderen führt.
Nehmen Sie sich zum Malen des dritten Bildes noch mal zirka 15 Minuten Zeit.

Wenn Ihnen diese Aufgabe zu schwierig erscheint, können Sie sich auch aus Karten mit Natursymbolen und Landschaften diejenige auswählen, die Sie auf dem Weg zur Veränderung unterstützen würde. Im nachfolgend angeführten Beispiel von Trixi L. wäre dies eine kleine grüne Hecke, die ihr den nötigen Schutz bietet.

Reflektieren Sie anhand Ihrer Bilder, welche spezielle Sicht- oder Verhaltensweise Sie unterstützt, damit die Idealsituation entstehen kann.

DAS BEISPIEL VON TRIXI L.

Zum ersten Bild

Trixi beschreibt die Ausgangssituation wie folgt: »Das Bild stellt die Straße dar, die ich zurzeit nicht mehr gehen will: Ich selber bin der rote durchlässige Kreis, der gestrichelt wiedergegeben ist. Die anderen sind die bunten Kreise. Diese lasse ich zu nah an mich herankommen, sie können in mich eindringen. Ich habe nicht mehr genug Platz für mich selber. Das Innere des roten gestrichelten Kreises ist fast ausgefüllt mit vielen anderen bunten Kreisen (also Menschen, Gedanken, Problemen).«

Zum zweiten Bild

»Auf dem zweiten Bild befindet sich der rote Kreis weiterhin in der Mitte des Bildes, doch ist dieser Kreis geschlossen gemalt, er grenzt sich deutlich ab. Ich bin dieser prallgefüllte Kreis. Die Linien sind rund, dick und schön ausgemalt.

Die anderen sind bunte Kreise, aber kleiner als auf dem ersten Bild, und sie schweben um mich herum, dringen aber nicht mehr ein. Sie kommen und gehen wie Seifenblasen, sind mal stärker an mir dran und stoßen sich selber auch wieder ab. Ich lasse sie nicht mehr in meinen Kreis eindringen. Es bleibt eine klare Abgrenzung zwischen ihnen und mir.

Dort, wo mein roter Kreis sich mit einem anderen berührt, habe ich die rote Farbe verstärkt. Das Spiel zwischen den Kreisen ist spielerisch, sie sind schwerelos. Ich bleibe für mich abgegrenzt. Ich weiß, wo mein Kreis aufhört und wo der andere beginnt. Ich benötige eine gewisse Distanz, um den Überblick oder einen klaren Blick für die anderen zu bewahren.

In den roten Kreis habe ich eine Waage gemalt, die ausbalanciert ist.«

Die Situation, in die sie immer wieder gerät, ist die, dass sie die Probleme und negativen Gefühle von Menschen in ihrem Umkreis zu stark an sich heranlässt und dadurch selbst »heruntergezogen« wird. Ihr Lösungsbild mit der ausbalancierten Waage im roten Kreis zeigt deutlich, wie sie sich abgrenzen kann. Es ist ihr dadurch klargeworden, wie wichtig es für sie ist, für ihr inneres Gleichgewicht zu

sorgen. Denn wenn sie sich innerlich ausgeglichen fühlt, kann sie sich auch ganz klar abgrenzen.
Die Änderung ihrer Verhaltensweise besteht nach ihrer Aussage darin, sich täglich durch eine gezielte Entspannungsübung zu stärken.

An einem weiteren Beispiel kann man deutlich sehen, wie sich durch die Verwandlung im Bild neue Sichtweisen offenbaren:

DAS BEISPIEL VON SABINE B.

Zum ersten Bild
Sabine beschreibt die Ausgangssituation und das dazu gemalte Bild folgendermaßen: »Ich kann es keinem recht machen. Jeder nörgelt an mir herum. Ich fühle mich von außen angegriffen und bedrängt, zeige meinerseits nur meine triste, ›stachelige‹ Seite und lasse niemanden an meinen tief verborgenen warmen Kern.«

Zum zweiten Bild
»Bei dem Bild für die Idealsituation habe ich intuitiv begonnen, meinen warmen Kern in die Mitte zu malen und ihm, beziehungsweise mir, mehr Raum zu geben. Dadurch hat sich auch das Außen verändert. Die Spitzen sind verschwunden, dafür gibt es viele Sterne rundherum, die nicht mehr bedrohlich sind.
Insgesamt hat mir dies gezeigt, dass ich auf meine ›Sta-

cheln‹ verzichten kann und auch keine Angriffsfläche mehr biete, wenn ich dazu bereit bin, mich in voller Größe und mit meinem warmen Kern zu zeigen.«

Handeln Sie also! Lassen Sie Ihre Gedanken und Visionen zu Taten werden!
Seien Sie sich auch bewusst, dass wie in der Geschichte mit dem Loch nicht immer gleich der erste Versuch gelingt. Denken Sie an ein kleines Kind, das laufen lernt. Bei den ersten Versuchen fällt es immer wieder hin, aber es lässt sich nicht entmutigen. Das Kind versucht es so lange, bis es klappt.
Wenn eine Strategie nicht funktioniert, suchen Sie nach einer anderen, aber behalten Sie dabei immer Ihr Ziel im Auge.

Die Veränderung von Sichtweisen

Die folgende kleine Geschichte, die von unterschiedlichen Sichtweisen erzählt, ist als Anregung für Sie gedacht.

DIE DREI BAUARBEITER

(Aus: Der Andere Advent, Verein Andere Zeiten, www.andere-zeiten.de)

Ein Reisender kam zu einer Baustelle und sah drei Männer, die Steine schleppten. Einer arbeitete lustlos und mit einem griesgrämigen Gesicht, und der andere war ständig

am Seufzen. Der dritte aber sang fröhlich, während er eifrig Stein um Stein herbeitrug.
»Was tun Sie da?«, fragte der Reisende den Griesgram.
»Ich schichte Steine auf. Sehen Sie das denn nicht?«, antwortete er mürrisch.
Da fragte er den zweiten, der sehr niedergeschlagen wirkte: »Was tun Sie da?«
Dieser entgegnete: »Ich muss Geld verdienen, um meine Familie zu ernähren«, und seufzte tief.
Da fragte der Reisende den emsigen Arbeiter, der so fröhlich wirkte: »Was tun Sie da?«
Und dieser antwortete: »Ich baue eine Kathedrale.«

... und welche Kathedrale bauen Sie demnächst?
Diese Geschichte zeigt uns auch das größere Ganze, das hinter einer scheinbar unbedeutenden Tätigkeit liegt. Ob etwas Spaß macht oder nicht ist, hängt immer davon ab, wie man es betrachtet.

5. Der KREAMIND-Prozess zur Stärkung Ihres Selbstvertrauens

Intention: stärker an sich selbst glauben.

MATERIAL

Sie brauchen zwei Bogen Papier (35 mal 50 Zentimeter) und Farben nach Ihrer Wahl (zum Beispiel Buntstifte, Kreiden, Wasser-, Gouache- oder Acrylfarben).

Zur Stärkung Ihres Selbstvertrauens stelle ich Ihnen zwei Möglichkeiten vor, die für Erwachsene und Jugendliche geeignet sind: den inneren Kraftplatz und das innere Krafttier. Der innere Kraftplatz verleiht Ihnen Standfestigkeit, und das innere Krafttier bringt Sie mit stärkenden Eigenschaften in Berührung.

Der innere Kraftplatz

Die geistige Vorstellung Ihres inneren Kraftplatzes kann Sie in allen Situationen unterstützen, in denen Sie sich unsicher fühlen, sei es vor einer Prüfung, einem Bewerbungsgespräch oder aber auch in einer wichtigen Diskussion mit Ihrem Partner oder Ihrer Partnerin – oder ganz allgemein in Situationen, in denen es darum geht, Ihre Interessen zu vertreten.

Gerade bei Frauen ist das Thema, zu sich selbst und den eigenen Bedürfnissen zu stehen, oft in den Hintergrund geraten.
Es ist für viele zur Gewohnheit geworden, dass erst einmal die anderen versorgt werden, bevor sie selbst an der Reihe sind, wenn dann überhaupt noch Zeit für die eigenen Bedürfnisse übrig bleibt …
Beginnen Sie zur Einstimmung wie immer mit einer Atem- oder Entspannungsübung.

DIE IMAGINATION DES INNEREN KRAFTPLATZES

Mach es dir im Sitzen oder Liegen ganz bequem und schließ deine Augen. Mit jedem Einatmen atmest du Ruhe und Gelassenheit ein, und mit jedem Ausatmen kannst du etwas mehr loslassen.
Spüre den Atem durch deine Arme fließen bis in deine Hände und Fingerspitzen … Spüre, wie sich deine Bauchdecke beim Einatmen etwas hebt und beim Ausatmen wieder senkt … Spüre deinen Atem auch durch deine Beine fließen bis in deine Füße und Zehenspitzen.
Und dann stell dir bitte vor deinem inneren Auge einen Platz in einer Landschaft vor, der dir Sicherheit und Kraft vermittelt …x
Sieh dich an diesem Platz genau um und versuche, möglichst detailliert alles wahrzunehmen …x
Gibt es dort Bäume, Blumen oder andere Pflanzen? …x
Liegt dein Kraftplatz an einem Gewässer oder vielleicht auf einem Berg? …x

Gibt es Tiere, die dich beschützen oder die dir durch ihre Anwesenheit Freude bereiten? ...x
Nimmst du Geräusche wahr wie zum Beispiel das Zwitschern von Vögeln, das Rauschen des Windes, das Plätschern eines Baches? ...x
Kannst du irgendwelche Gerüche oder Düfte wahrnehmen? ...x
Wie fühlt sich die Luft an? Ist sie eher kühl oder warm? ...x
Ist es sonnig oder schattig? ...x
Wie sieht der Himmel aus? ...x
Welche positiven Gefühle kannst du bei der Erkundung deines inneren Kraftplatzes wahrnehmen? ...x
Finde eine geeignete Stelle auf deinem inneren Kraftplatz, eine Stelle, an der du dich niederlassen kannst ...x
Nun stell dir bitte vor, dass du die Kraft dieses Platzes in dir aufnimmst und dich innerlich damit stärkst. Nimm dir dazu die Zeit, die du dafür benötigst ...x
Dann verabschiede dich von deinem inneren Kraftplatz und kehr mit drei tiefen Atemzügen wieder ganz in dein Wachbewusstsein zurück und öffne deine Augen.

Nehmen Sie sich etwa 30 Minuten Zeit zum Malen Ihres inneren Kraftplatzes und lassen Sie dann das Bild auf sich wirken.
Schreiben Sie dann alles, was Sie an Ihrem inneren Kraftplatz vorgefunden haben, in Ihr »Schatzbuch«. Nehmen Sie Bezug zu den einzelnen Symbolen und ihren möglichen Bedeutungen und notieren Sie diese ebenfalls (siehe auch die Erklärun-

gen zu den Symbolen im Kapitel »6. Der Schlüssel zu Naturerfahrungen«).
Suchen Sie demnächst oder wann immer es hilfreich für Sie ist, eine Landschaft auf, die Sie mit Ihrem inneren Kraftplatz in Verbindung bringen kann. So können Sie die innere Erfahrung noch durch das äußere Erleben verstärken.

Eine Seminarteilnehmerin, deren Kraftplatz ein Fluss war, hat folgendes kleines Ritual in ihren Tag eingebaut: Auf dem Nachhauseweg von ihrer Arbeitsstelle bleibt sie einige Minuten auf der Isarbrücke stehen. Während sie das fließende Wasser betrachtet, stellt sie sich dabei vor, dass sie die Gedanken des beruflichen Alltags hinter sich lässt und sich im Anschluss mit freiem Kopf ihrer Aufgabe als Mutter eines kleinen Kindes widmen kann.
Einige Schülerinnen und Schüler, mit denen ich die Imaginationsübung zu ihrem inneren Kraftplatz gemacht habe, erzählten mir später, dass sie sich vor Prüfungen jetzt immer ihren inneren Kraftplatz vorstellen und damit ihre Nervosität verlieren.

Das Kennenlernen des inneren Krafttiers

Ergänzend zu dem inneren Kraftplatz können wir unsere schöpferische Vorstellungskraft auch einsetzen, um unser inneres Krafttier kennenzulernen. Besonders in Zeiten, in denen es gilt, eine neue Lebenssituation zu meistern, und wir aufgefordert sind, neue Schritte zu wagen, kann uns die Vorstellung eines inneren Krafttiers hilfreich unterstützen.

Je nachdem, in welcher aktuellen Lebenssituation wir uns gerade befinden und welche spezielle Aufgabe vor uns liegt, können sich unterschiedliche Krafttiere zeigen. Jedes Tier hält durch seine besonderen Eigenschaften und Verhaltensweisen eine bestimmte Botschaft für uns bereit. Es kann uns führen, stärken und beschützen; und es kann uns helfen, alte Muster aufzulösen und neue Verhaltensweisen zu erproben.
Mit der folgenden Übung lade ich Sie ein, sich auf die Suche nach Ihrem inneren Krafttier zu begeben, seine Stärken kennenzulernen und eine innere Verbindung dazu aufzunehmen. Beginnen Sie wie immer wieder mit einer kurzen Atem- oder Entspannungsübung.

DIE IMAGINATION DES INNEREN KRAFTTIERS

Setz dich bequem auf deinen Stuhl oder dein Meditationskissen. Wenn du auf einem Stuhl sitzt, dann achte darauf, dass deine Beine nicht übereinandergeschlagen sind und du mit beiden Füßen den Boden berührst. Sitze möglichst aufrecht, so dass dein Atem frei durch deinen Körper fließen kann. Leg deine Hände mit der Innenfläche nach oben auf deine Schenkel.
Schließ deine Augen und spüre den Atem in deine Mitte ein- und ausströmen wie sanfte Wellen, die kommen und gehen ...x
Und während du dieses sanfte Kommen und Gehen deines Atems begleitest, kannst du innerlich ruhiger und gelassener werden ...x
Du spürst den Kontakt zu dem Stuhl oder der Unterlage,

auf der du sitzt, und deine Hände, wie sie auf deinen Schenkeln ruhen ...x
Und während du weißt, dass dein Körper hier ganz sicher und geborgen sitzt, kannst du mit deiner Phantasie auf Reisen gehen.

Führ dir zunächst noch einmal dein Ziel vor Augen, und dann bitte darum, dass dir dein inneres Krafttier erscheint, das dir für dein Anliegen Hilfe und Unterstützung geben kann ...x
Gib ihm genügend Zeit, sich dir zu offenbaren ...x
Wenn es sich zeigt, dann öffne dich für seine Botschaften und ergründe seine Besonderheiten ...x
Was zeichnet dieses Tier aus: Welche ganz speziellen Eigenschaften, Fähigkeiten und Vorlieben hat es? ...x
Welche Farbe hat es? ...x
Beobachte, in welcher Landschaft es sich bewegt: in welchem Element es sich am meisten zu Hause fühlt ...x
Schwebt es durch die Lüfte, gleitet es durch das Wasser oder hat es den meisten Bezug zur Erde? ...x
Was ist sein ganz spezieller Lebensraum? ...x
Wo findet es seine Nahrung...? Lebt es allein oder in einer Gemeinschaft? ...x
Und zum Abschluss kannst du deinem inneren Krafttier noch eine Frage stellen, es wird dir auf seine Weise antworten ...x
Und dann bedanke dich bei deinem inneren Krafttier für seine Unterstützung und komm gestärkt wieder ins Wachbewusstsein zurück. Ins Hier und Jetzt, in den Raum, in dem du sitzt ...

Notieren Sie alle stärkenden Eigenschaften Ihres Krafttiers und die Botschaft, die Sie von ihm erhalten haben, in Ihrem »Schatzbuch«.
Malen Sie dann Ihr Krafttier in der Umgebung, in der Sie es vor Ihrem inneren Auge gesehen haben. Falls Ihnen das zu schwierig erscheint, können Sie auch versuchen, die stärkenden Eigenschaften in Farbe und Form symbolisch auszudrücken.
Eine weitere Variante ist, dass Sie sich eine Abbildung oder Fotokarte von Ihrem Krafttier besorgen und diese an einen Platz stellen oder hängen, an dem Sie sie öfter betrachten können. Auch auf diese Weise kommen Sie immer wieder mit seinen stärkenden Eigenschaften in Berührung.

Beschäftigen Sie sich näher mit Ihrem inneren Krafttier, indem Sie sich durch Bücher oder über das Internet heraussuchen, was es alles an Informationen zu ihm gibt, und wählen Sie aus, welche seiner Eigenschaften Ihnen von Nutzen sein könnte.
Wenn Sie noch mehr über die Arbeit mit inneren Krafttieren erfahren wollen, können Sie sich auch durch die »Karten der Kraft« von Jamie Sams und David Carson inspirieren lassen. Ich nutze dieses Set mit dem Begleitbuch in meinen Seminaren. Es bringt Sie auf spielerische Art und Weise mit der altüberlieferten indianischen Weisheit von 44 kraftvollen Tieren in Berührung.
Falls sich dazu eine Möglichkeit bietet, beobachten Sie Ihr Krafttier auch in der freien Natur oder beim nächsten Besuch in einem Tierpark.

Erfahrungsberichte

Heinz M., Anfang 60, ist seit einigen Jahren als Finanzberater tätig. Er muss sich, bedingt durch die neue Gesetzeslage, einer Prüfung an der IHK unterziehen.
Nachdem er bereits den inneren Kraftbaum gemalt und die Schritte zum Erreichen seines Ziels, nämlich das erfolgreiche Bestehen der Prüfung, festgelegt hatte, ließ er sich auf die Imagination des inneren Krafttiers ein.
Zunächst war er sehr überrascht, welches Tier ihm erschien. Es war ein Muli, auch »Maultier« genannt, die Kreuzung einer Pferdestute mit einem Eselhengst. Seine Assoziationen zu diesem Tier waren nun die folgenden:

- Es ist genügsam und ausdauernd.
- Es kann schwere Lasten über weite Strecken hinweg tragen.
- Es kann sich auch auf unwegsamem Gelände gut fortbewegen und schafft selbst den Aufstieg auf Berge.
- Den Esel sieht er als beharrlich und demütig. Das Pferd ist größer und schneller und spiegelt für ihn eine gewisse Freiheit wider.

Beim Recherchieren im Internet fand er unter anderen noch diese für ihn symbolisch zutreffenden Eigenschaften des Maultiers: Es besitzt die Besonnenheit, die Ausdauer und die Trittsicherheit eines Esels in Kombination mit der Geradlinigkeit, der Kraft und dem Mut des Pferdes.
Im Hinblick auf seine bevorstehende Prüfung fand er folgende drei Kriterien als Erklärung für sich:

- »Es ist wichtig für mich, dass ich mich das nächste halbe Jahr gründlich vorbereite und mir kontinuierlich den nötigen Lernstoff aneigne, also beharrlich dranbleibe.«
- »Mit Trittsicherheit auf einen Berg zu steigen bedeutet für mich, mir durch die eingeleiteten Schritte einen beruflichen Aufstieg zu erarbeiten.«
- »Damit verbunden ist für mich auch eine gewisse persönliche Freiheit, da mir durch die bestandene Prüfung die offizielle Erlaubnis erteilt wird, weiter in diesem Beruf zu arbeiten.«

Er klebte ein Bild von einigen Mulis, die auf einen Berg steigen, auf sein Bild mit dem Kraftbaum, schrieb die wichtigen Eigenschaften dazu und war damit sehr zufrieden.
Er sagte, es verleihe ihm vor allen Dingen die Kraft, beharrlich über einige Monate hinweg seine Aufmerksamkeit auf die Aneignung des nötigen Wissens zu konzentrieren.

Was die Vorstellung eines inneren Krafttiers auch bei Jugendlichen bewirken kann, möchte ich Ihnen anhand des Beispiels von Franz schildern. Franz war damals zwölf Jahre alt. Seine Eltern waren geschieden, und er lebte bei seiner Mutter.
Ihm stand ein Schulwechsel bevor; und da seine Eltern hinsichtlich der Schule unterschiedlicher Meinung waren, sollte er sich entscheiden. Das war für ihn natürlich sehr schwer, denn er wollte keinen seiner beiden Elternteile enttäuschen. Eigentlich tendierte er zu der Schule, die seine Mutter empfohlen hatte, aber andererseits hatte er Angst, die Entscheidung seinem Vater mitzuteilen.
In seiner Vorstellung sah er einen Adler hoch in den Lüften

schweben. Sein anschließend gemaltes Bild beschreibt er folgendermaßen: »Unter dem schwebenden Adler liegt eine Landschaft, in der alles da ist, was er benötigt. Er findet dort genügend Nahrung und Schutzraum. Der Vogel ist frei und hat viele Möglichkeiten. Er kann sich entscheiden. Er hat Kraft. Er ist groß, stark, majestätisch und hat einen scharfen Blick.«
Durch die innere Vorstellung und das gemalte Bild fühlte sich Franz selbst so stark, dass er seinem Vater ohne Angst gegenübertreten und seine Entscheidung mitteilen konnte. Für ihn war es ein großer Durchbruch, zu seiner Meinung stehen zu können.

Als ich diese Zeilen schrieb, schloss ich zwischendurch die Augen und fragte mich, welches innere Krafttier denn mich beim Schreiben dieses Buches unterstützen könnte. Kaum dass ich mir diese Frage gestellt hatte, erschien unmittelbar eine Biene vor meinem inneren Auge.
Ich war ziemlich verwundert, denn bisher kannte ich nur einen Königstiger, einen Löwen und einen Geparden als inneres Krafttier. Da die Biene aber keinem anderen Tier, auch keiner noch so mächtigen Raubkatze weichen wollte, begann ich zu erforschen, mit welchen Eigenschaften sie mich unterstützen könnte.
Zunächst sah ich sie, wie sie von Blüte zu Blüte flog, um den Blütenstaub einzusammeln. Sie summte dabei und hatte sichtlich Spaß an ihrer Arbeit. Dann sah ich vor meinem inneren Auge, wie sich eine Honigwabe an die andere reihte.
Diese Vorstellung gefiel mir sehr gut. Ich konnte sie auf meine Tätigkeit übertragen. Ich sah mich dabei, wie ich Kapitel an

Kapitel reihte. Vor allen Dingen gefiel mir die Vorstellung, dass der Honig etwas war, woran viele Genuss finden können.

Ich kann sagen, dass mich die »innere Biene« im wahrsten Sinn des Wortes beflügelt hat, und bin dankbar, dass sie mir erschienen ist.

Wie heilsam das Erscheinen des inneren Krafttiers sein kann, erlebte ich vor einigen Jahren. Ich hatte ein Erlebnis, das normalerweise traumatische Folgen nach sich ziehen würde. Obwohl mir letztendlich nichts Ernstes passiert war, hätte es in meinem späteren Leben zu Angstzuständen kommen können.

Als ich drei Tage nach diesem Erlebnis als Teilnehmerin einer fortlaufenden Gruppe »Katathymes Bilderleben« die Möglichkeit hatte, dem Strom meiner inneren Bilderwelt zu folgen, passierte Folgendes. Ich sah mich in einer großen Villa, in der viele Leute eine Party feierten, in Begleitung eines zwei Meter großen Bodyguards zu meiner rechten und eines Königstigers zu meiner linken Seite. Es war ein sehr starkes Gefühl. Dann kam ich zu einem Swimmingpool und spürte bereits beim Näherkommen, dass ich hier eine besondere Aufgabe zu bewältigen hatte, die dann auch prompt folgte. Ich sollte auf dem Rücken des Tigers durch einen Feuerreifen über den Swimmingpool springen. Das habe ich auch geschafft, und mein Gedanke dazu war: »Außer dass es ein wenig angesengt riecht, ist mir zum Glück nichts passiert.«

Das war genau wie in der Realität. Als mir durch dieses innere Bild bewusst geworden ist, dass sowohl der Tiger als auch der Bodyguard meine inneren Stärken sind, die mir dazu verholfen haben, diese Situation heil zu überstehen, ging es mir unbeschreiblich gut. Mein Unterbewusstsein hatte mir Bilder geliefert, die die Fähigkeit hatten, Angst in Stärke zu verwandeln. Und auch heute, wenn ich darüber schreibe, spüre ich diese Kraft wieder in mir.

6. Der KREAMIND-Prozess für Gesundheit und inneres Gleichgewicht

Intention: gesund bleiben oder werden.

MATERIAL

Besorgen Sie sich einen 50 mal 70 Zentimeter großen Bogen Papier, farbige Kreiden, Wasser-, Gouache- oder Acrylfarben nach Ihrer Wahl und eventuell einen Pinsel. Für das Malen mit Acrylfarben empfehle ich Papier in einer Stärke von 300 Gramm pro Quadratmeter.

Gesundes Atmen

In Stresssituationen neigen wir dazu, kurz und flach, nur im Brustbereich zu atmen. Dadurch wird die Sauerstoffzufuhr zum Gehirn reduziert, und es fällt uns schwer, klar zu denken und angemessen auf die entsprechende Situation zu reagieren.

Vereinfacht können wir uns die Lunge als Pyramide vorstellen. Die größte Fläche und damit Kapazität zur Sauerstoffaufnahme liegt im unteren Bereich, am Fuß der Pyramide. Wenn wir gezielt in den Bauch (Zwerchfellbereich) einatmen, nehmen wir besonders viel Sauerstoff auf, der über die Atemwege in die roten Blutkörperchen gelangt und von dort aus in die Körperzellen weitertransportiert wird. Das verbessert auch die Sauerstoffzufuhr zum Gehirn. Durch das tiefe Atmen werden wir innerlich ruhiger und können wieder klar denken.

Ein erwachsener Mensch atmet durchschnittlich fünfzehnmal in der Minute ein und aus. Bei einer flachen Atmung nimmt ein Erwachsener zwischen 7 und 10 Liter Luft pro Minute auf, während es bei einer tiefen Vollatmung zwischen 50 und 75 Liter sind.

Richtiges Atmen ist, wie schon im ersten Schlüssel beschrieben wurde, ein wichtiger Faktor zu innerer Ruhe und Gelassenheit. Die nachfolgende Atemübung eignet sich nicht nur für zu Hause, Sie können sie jederzeit auch unterwegs ausführen. Sie ist gut für alle Situationen, in denen Sie sich gestresst fühlen.

ATEMÜBUNG

Atmen Sie einige Minuten ruhig und tief in Ihren Bauch ein und aus.

Um den Atem bewusst zu steuern, können Sie Ihre Hände übereinander auf Ihren Bauch legen. Folgen Sie mit Ihrer

Aufmerksamkeit dem Atemstrom. Bei jedem Einatmen spüren Sie, wie sich die Bauchdecke hebt, und bei jedem Ausatmen spüren Sie, wie sie sich wieder senkt.

Wenn Sie die folgende Übung regelmäßig anwenden, werden Sie merken, dass Sie ein neues Körpergefühl entwickeln, das Ihnen hilft, achtsam und liebevoll mit sich selbst umzugehen.

PHANTASIEREISE: LIEBESBOTSCHAFT AN IHREN KÖRPER

Setz oder leg dich ganz entspannt hin. Spüre deinen Atem, wie er in deine Mitte ein- und ausströmt. Mit jedem Einatmen atmest du Ruhe und Gelassenheit ein, und bei jedem Ausatmen kannst du etwas mehr loslassen ... Du spürst den Atem durch deine Arme fließen bis in deine Hände und Fingerspitzen ... Du spürst, wie sich deine Bauchdecke beim Einatmen etwas hebt und beim Ausatmen wieder senkt ... Und du spürst den Atem auch durch deine Beine fließen bis in deine Füße und Zehenspitzen.
Lass in deinem Herzen das Gefühl von Liebe entstehen ...x
Spüre, wie es deinen Atemfluss begleitet ...x atme Liebe ein und Liebe aus ...x
Spüre, wie dabei dein Atem sanfter und ruhiger wird ...x, sanfter und ruhiger ...x
Spüre, wie deine Gesichtszüge weicher werden – wie dein ganzer Körper lockerer und gelöster wird ...x, lockerer und gelöster ...x

Und dann verbinde in deinem Herzen das Gefühl der Liebe mit dem Gefühl von Dankbarkeit ...x
Atme nun Liebe und Dankbarkeit ein und aus ...x
Und dann stell dir bitte weiter vor, dass du von deinem Herzen aus das Gefühl von Liebe und Dankbarkeit in deinen ganzen Körper sendest ...x
Beginne damit, dass du das Gefühl von Liebe und Dankbarkeit vom Herzen aus durch deine Arme strömen lässt bis in deine Hände und Fingerspitzen ...x Denk daran, was deine Arme und Hände täglich für dich leisten – es gibt so vieles, das deine Dankbarkeit verdient ...x
Dann leite das Gefühl von Liebe und Dankbarkeit vom Herzen aus durch deine Beine – von den Oberschenkeln über die Knie bis in die Füße und Zehenspitzen. Danke deinen Beinen, dass sie dich tragen und dass sie dir ermöglichen, dich fortzubewegen ...x
Als Nächstes lass das Gefühl von Liebe und Dankbarkeit vom Herzen aus durch deinen mittleren Körperbereich strömen: durch Magen und Darm und die inneren Organe und Drüsen wie Leber, Galle, Bauchspeicheldrüse und Nieren ...x Danke ihnen, dass sie dir bei der Verdauung und Verwertung deiner Nahrung verhelfen ...x
Und lass das Gefühl von Liebe und Dankbarkeit weiter durch deinen Unterleib fließen zu den Geschlechts- und Ausscheidungsorganen ...x
Und dann verbreite das Gefühl von Liebe und Dankbarkeit von deinem Herzen aus im ganzen Brustbereich und deinem Rücken mit der Wirbelsäule ...x
Sende Liebe und Dankbarkeit in deine Lunge, die dir das Atmen ermöglicht ...x

Umhülle dein Herz, das der Spender des Gefühls von Liebe und Dankbarkeit ist, zusätzlich von außen mit diesem Gefühl, so dass es darin eingebettet ist …x
Danke deinem Herzen, dass es dich lebendig hält …x
Als Nächstes leite das Gefühl von Liebe und Dankbarkeit zu deinem Nacken- und Schulterbereich …x
Stell dir dabei vor, dass sich eventuell vorhandene Verspannungen in diesem Bereich dadurch auflösen …x
Und dann leite das Gefühl von Liebe und Dankbarkeit weiter durch deinen Hals, deine Schilddrüse weiter hinauf in den Kopf und das Gesicht …x
Empfinde Liebe und Dankbarkeit für deinen Mund …x, deine Ohren …x, deine Nase …x und deine Augen …x
Sie sind entscheidend für deine sinnliche Wahrnehmung verantwortlich …x
Sie lassen dich schmecken, hören, riechen und sehen …x
Sende von deinem Herzen aus Liebe und Dankbarkeit in jede deiner Hautzellen …x
Die Haut vermittelt dir die unmittelbarsten Sinneseindrücke. Über sie nimmst du Berührungen und Zärtlichkeiten wahr …x
Lass Liebe und Dankbarkeit in jede Zelle deines Gehirns fließen …x
Danke deinem Gehirn, dass es dir die Fähigkeit verleiht, zu denken und Erfahrungen und Wissen zu speichern …x
Und zum Abschluss stell dir bitte vor, dass du deinem Blut die Botschaft von Liebe und Dankbarkeit übergibst und somit dieses Gefühl in deinem ganzen Körper zirkulieren kann …x

Wenn es irgendeinen Bereich in deinem Körper gibt, der einer Heilung oder Regeneration bedarf, dann wende dich diesem Bereich noch einmal ganz speziell mit Liebe und Dankbarkeit zu. Du kannst dir dabei auch vorstellen, wie dieser Körperteil wieder ganz gesund ist …x

Beende die Übung mit drei tiefen Atemzügen.

Sie können diese Übung nach Belieben variieren und sich verstärkt den Bereichen in Ihrem Körper zuwenden, die Ihrer Ansicht nach die meiste Zuwendung benötigen.

ERFAHRUNGSBERICHTE

Sylvie, die Tai-Chi-Lehrerin ist, berichtete nach ihrer ersten Erfahrung mit dieser Phantasiereise: »Es war ein sehr schönes Gefühl, zu spüren, wie mein Körper durchlässig für diesen wärmenden Strom von Liebe und Dankbarkeit wurde. Ich konnte jeden Körperteil, jedes Organ, sogar die Poren und Zellen spüren, wie sie sich belebt anfühlten und sich ein Pulsieren im Innern wie im Außen bemerkbar machte. Dieses Pulsieren intensivierte sich und war im Einklang mit einer äußeren Energie, die mich scheinbar umgab. Es war ein sehr erhebendes Gefühl.«

Eine andere Kursteilnehmerin erzählte: »Ich leide seit einiger Zeit unter Schlafstörungen. Wenn ich nachts aufwache, beginnt sofort ein Gedankenfluss, den ich schwer aufhalten kann. Wenn ich allerdings mit dieser Übung beginne und mich ganz bewusst mit Liebe und Dankbarkeit den verschiedenen Teilen meines Körpers zuwende, lassen die Gedanken nach, und ich kann wieder einschlafen.«

Malen

Malen Sie intuitiv ein Bild, das Ihnen nach Ihrer Körperreise in den Sinn kommt.

ÜBUNG: FORMENZEICHNEN FÜR INNERES GLEICHGEWICHT

Eine einfache Übung ist das Malen einer Acht oder einer Lemniskate (liegenden Acht). Befestigen Sie dazu das Papier an den Ecken mit Klebstreifen, damit es nicht verrutscht.

Bei der stehenden Acht beginnen Sie in der Mitte und malen dann zuerst den oberen Kreis links beginnend und gehen nach der Kreuzung in der Mitte zum unteren Kreis über, wobei Sie den Schwung wieder von links nach rechts ausführen und dann erneut zur Mitte gelangen. Sie können dies in einem unendlichen Fluss tun, so dass eine Acht nahtlos in die andere übergeht.

Bei der Lemniskate beginnen Sie ebenfalls in der Mitte, malen dann erst den rechten Kreis mit dem Schwung nach oben und gehen dann über die Mitte zum linken Kreis

über, indem Sie den Schwung auch wieder von oben nach unten ausführen.
Wenn Sie einige Zeit über in diesem Rhythmus malen, werden Sie spüren, dass Sie sich immer mehr in Ihrer Mitte fühlen. Sie können auch zwei oder drei verschiedene Farben dazu benutzen und mit ihnen im Wechsel malen.

Diese Übung zeigt im übertragenen Sinne ein Nach-außen-Gehen und ein Wieder-in-die-Mitte-Kommen im gleichmäßigen Wechsel an.

ÜBUNG: MEINEM KÖRPER GEHT ES GUT

Eine Körperübung, die Sie jederzeit durchführen können, um sich gut zu fühlen, ist folgende:
Stellen Sie sich aufrecht hin. Beim Einatmen rollen Sie mit Ihren Füßen nach vorn auf die Zehenspitzen und ziehen gleichzeitig Ihre Schultern nach hinten, so dass Ihr Brustkorb geweitet wird. Beim Ausatmen rollen Sie die Füße wieder zurück in den normalen Stand und nehmen gleichzeitig auch die Schultern wieder nach vorn.
Dabei sagen Sie sich laut oder leise folgende zwei Sätze: »Jede Zelle in meinem Körper ist glücklich. Jeder Zelle in meinem Körper geht es gut.«
Fahren Sie in diesem Rhythmus einige Minuten fort.

Das Leben im Hier und Jetzt

Das Leben im Hier und Jetzt ist eine der wichtigsten Voraussetzungen für das innere Gleichgewicht. In folgender Geschichte aus dem Zen-Buddhismus wird sehr deutlich zum Ausdruck gebracht, was damit gemeint ist.

PRÄSENT SEIN

Ein in Meditation erfahrener Mann wurde einmal gefragt, warum er trotz seiner vielen Beschäftigungen immer so gesammelt sein könne. Er antwortete:

Wenn ich stehe, dann stehe ich.
Wenn ich gehe, dann gehe ich.
Wenn ich sitze, dann sitze ich.
Wenn ich esse, dann esse ich.
Wenn ich spreche, dann spreche ich ...

Da fielen ihm die Fragesteller ins Wort und sagten: »Das tun wir doch auch, aber was machst du darüber hinaus?«
Er sagte wiederum:

Wenn ich stehe, dann stehe ich.
Wenn ich gehe, dann gehe ich.
Wenn ich sitze, dann sitze ich.
Wenn ich esse, dann esse ich.
Wenn ich spreche, dann spreche ich ...
Wieder sagten die Leute: »Das tun wir doch auch.«

Er aber sagte zu ihnen:

Nein, wenn ihr sitzt, dann steht ihr schon.
Wenn ihr steht, dann lauft ihr.
Wenn ihr lauft, dann seid ihr schon am Ziel …

Wenn Sie sich ganz der Sache hingeben, die Sie im Moment tun, oder sich mit Ihrer ganzen Präsenz dem Menschen widmen, der Ihnen gerade etwas erzählt, werden Sie spüren, dass Ihre Energie zunimmt und Sie sich lebendiger fühlen.
In der Gemeinschaft mit den Mönchen von Plum Village, von der ich in Zusammenhang mit Thich Nhat Hanh bereits berichtet habe, wurden wir in kleine Gruppen für gemeinsame Küchenarbeiten wie zum Beispiel Gemüseputzen eingeteilt. Bevor wir mit der Arbeit begannen, stellten wir uns in einem Kreis auf und sagten, auf welchem Energieniveau wir uns gerade befinden. Dazu gab es eine Skala von 1 (ganz niedrig) bis 10 (volle Power). Die Küchenarbeiten fanden schweigend und mit der vollen Aufmerksamkeit auf unser Tun gerichtet statt. Nach der Arbeit wiederholten wir den Energiekreis. Interessanterweise war bei fast allen das Energieniveau nach der Arbeit höher als davor.
Diese Erfahrung hat sehr nachhaltig auf mich gewirkt, und ich konnte sie gut in meinen Alltag integrieren. Der zusätzliche Effekt, den ich dabei verspüre, ist, dass es nichts mehr gibt, was ich mit Widerwillen tue, im Gegenteil, durch die Präsenz entsteht Freude in mir. Meditation muss nicht nur auf dem Sitzkissen stattfinden. Jede Arbeit, die wir mit voller Aufmerksamkeit verrichten, wird zur Meditation.

Das Leben im Hier und Jetzt bewahrt uns davor, uns in Grübeleien über die Zukunft zu verlieren oder Vergangenem nachzuhängen und somit das eigentliche Leben zu verpassen.

7. Der KREAMIND-Prozess zum Loslassen

Intention: loslassen, um sich Neuem zuwenden zu können.

MATERIAL

Besorgen Sie sich einen Bogen Papier (35 mal 50 Zentimeter), Farben Ihrer Wahl und eine CD mit Musik, die sich für die Körperübung zum Schütteln eignet (zum Beispiel afrikanische Trommelmusik).

Innere Einstellungen und Überzeugungen, die ein negatives Selbstbild erzeugen, führen zu Stagnation und Rückzug. Oftmals ist uns gar nicht bewusst, wie viel alte übernommene Gedankenmuster und Glaubenssätze in uns verankert sind, die uns am »Weitergehen« beziehungsweise am Erreichen unserer Ziele hindern. Unser ganzes Leben lang werden wir mit Bewertungen von außen konfrontiert.

Als kleines Kind bewerten unsere Eltern oder Großeltern, ob wir etwas gut oder schlecht machen, ob wir uns nach ihrer

Ansicht richtig oder falsch verhalten. Später bewerten die Lehrer unsere Fähigkeiten, und noch etwas später im Berufsleben entscheiden unsere Chefs, ob wir über genügend fachliche und soziale Kompetenz verfügen.
Als Eltern wiederum hören wir von unseren Kindern, was wir in ihren Augen nicht richtig machen. Und im Beziehungsleben scheitert es oft daran, dass wir den Anforderungen des Partners oder der Partnerin nicht gerecht werden.
Viele der negativen Aussagen über unsere Person, die wir im Verlauf unseres Lebens gehört haben, sind in unserem Unterbewusstsein gespeichert und werden wieder aktiviert, wenn wir in eine Krise geraten. Da wir aber gerade zur Bewältigung der Krisensituation innere Stärke benötigen, halte ich es für sehr wichtig, die inneren Glaubenssätze zu überprüfen und zu verwandeln. Dann nämlich kann sich bewahrheiten, dass in jeder Krise auch eine Chance steckt.

Glaubenssätze und Verhaltensweisen

Finden Sie ein bis drei negative Glaubenssätze oder Verhaltensweisen und verwandeln Sie diese ins Positive! Wie Sie negative Glaubenssätze in positive Affirmationen umwandeln, wurde bereits im Kapitel »4. Der Schlüssel für Bewusstseinsprozesse« beschrieben. Da die innere Einstellung eine der wichtigsten Voraussetzungen ist, Ihr Leben zum Positiven zu ändern, habe ich Ihnen hier noch mal einige Beispiele angeführt. In diesem Prozess geht es allerdings in der Hauptsache darum, die alten negativen Glaubenssätze auch loszulassen.

Auch Verhaltensweisen, von denen wir bereits wissen, dass sie uns mehr schaden als nutzen, die wir aber trotzdem beibehalten, verwehren uns den Weg zu neuen Erfahrungen.
Wichtig beim Folgenden ist, dass Sie sich mit den neuen Glaubenssätzen oder Verhaltensweisen wohl fühlen. Die Aussicht auf etwas Besseres erleichtert das Loslassen.

Die drei Glaubenssätze, die ich in meiner Seminartätigkeit am häufigsten gehört habe, sind »Ich bin nicht gut genug«, »Das kann ich nicht« und »Ich muss den Ansprüchen von außen gerecht werden, damit ich geliebt/akzeptiert werde«.
Sie können diese Glaubenssätze in positive Affirmationen umwandeln. Für den alten Glaubenssatz »Ich bin nicht gut genug« formulieren Sie beispielsweise die Sätze »Ich glaube an mich und meine Fähigkeiten«, »Ich bin okay« oder »Ich bin ein(e) wertvolle(r) Frau/Mann«.
Den alten Glaubenssatz »Das kann ich nicht« oder »Das schaffe ich nicht« ändern Sie in die Sätze »Ich bin überzeugt, dass ich es schaffen kann«, »Ich meistere die Aufgaben in meinem Leben und weiß, wo ich mir Hilfe und Unterstützung holen kann« und »Ich kann alle Ziele erreichen, die mir wichtig sind«.
Den alten Glaubenssatz »Ich muss den Ansprüchen von außen gerecht werden, damit ich geliebt/akzeptiert werde« ändern Sie um in die Sätze »Ich bin es wert, geliebt zu werden«, »Ich stehe zu mir und meinen Bedürfnissen« oder »Ich darf mich zeigen, wie ich bin«.

Wenn Sie folgendes Gedicht von Annelie Hessemer beherzigen, schaffen Sie die Basis für mehr Selbstvertrauen.

(Aus: Annelie Hessemer, Sei immer Du. Illustrator: Herbert A. Rausch. Amöneburg, Kräling 1988)

Sei immer du –
verfalle nie des andern Schein.
Sei immer du –
wenn man auch vorgibt,
anders mehr zu sein.
Sei immer du –
beraub dich nicht der schönen Einzigartigkeit.
Sei immer du –
und trage nie der andern Seele Kleid.

Das Gedicht zeigt uns eins der wichtigsten Verhaltensmuster, die zu leben sich lohnt. Jedes Verhalten hingegen, das Sie nur an den Tag legen, weil Sie meinen, dass es von Ihnen verlangt wird, bringt Sie von Ihrem eigentlichen Weg ab.
Das heißt nicht, dass Sie einen Rundumschlag ausführen und aufgestaute Wut oder Ärgernisse nun lautstark in die Welt hinausposaunen sollen. Es heißt vielmehr, dass Sie zu sich und zu Ihren eigenen Bedürfnissen stehen und Ihre Meinung klar zum Ausdruck bringen. Das muss in keiner Weise verletzend sein. Allerdings sollten Sie sich auch bewusst sein, dass Sie, wenn Sie sich plötzlich anders verhalten, Widerstände herbeiführen können. Mit diesen Widerständen umzugehen erfordert innere Ruhe und Kraft, aber Sie werden merken, dass es sich lohnt. Auf Dauer gesehen werden Sie mehr Respekt und Anerkennung ernten, als Sie es bisher gewohnt waren.
Schreiben Sie sich die neuen Glaubenssätze oder die neuen Verhaltensweisen, die Sie weiterbringen sollen, auf einen Zet-

tel oder auf eine schöne Karte und später, nach der im Folgenden beschriebenen Phantasiereise, in Ihr »Schatzbuch«.

Altes loslassen und Neues annehmen

Anstelle einer Atem- oder Entspannungsübung empfehle ich Ihnen als Vorbereitung für die Phantasiereise das körperliche Abschütteln. Lassen Sie dabei Musik laufen, die sich dazu eignet (zum Beispiel afrikanische Trommelmusik). Nehmen Sie sich für diese Übung zirka 10 bis 15 Minuten Zeit.

KÖRPERÜBUNG: BALLAST ABSCHÜTTELN

Suchen Sie sich einen Platz in der Wohnung, an dem Sie genügend freien Raum haben, so dass Sie bei Ihren Schüttelbewegungen nirgendwo anstoßen können.
Stehen Sie in lockerer aufrechter Haltung. Sie können die Augen dazu schließen oder Ihren Blick dabei auf den Boden richten. Stellen Sie sich während der gesamten Übung vor, dass Sie alten Ballast von sich schütteln.
Beginnen Sie, indem Sie leicht in den Knien wippen und dann Ihre Arme und Hände schütteln. Beziehen Sie auch den Schulterbereich mit ein. Schütteln Sie im weiteren Verlauf ebenso Beine und Füße. Sie können Ihren Rumpf beim Schütteln auch mal nach vorn beugen und Kopf und Arme nach unten hängen lassen. Schütteln Sie in der Intensität, die Sie als angenehm erleben.

Im Anschluss spüren Sie der Übung noch etwas nach. Dann setzen oder legen Sie sich bequem hin, um sich folgende Phantasiereise anzuhören oder zu lesen.

PHANTASIEREISE: ALTE GLAUBENSSÄTZE ÜBER BORD WERFEN

Mach es dir ganz bequem und schließ deine Augen. Atme dreimal tief ein und aus und lass dann deinen Atem ruhiger werden. Beobachte eine Weile deinen Atem – wie er kommt und geht ..., wie sich beim Einatmen deine Bauchdecke etwas hebt und beim Ausatmen wieder senkt ..., wie beim Einatmen Ruhe in deinen Körper strömt und wie du bei jedem Ausatmen ein wenig mehr loslassen kannst ...
Und während sich dein Körper noch weiter entspannen kann, kannst du mit deiner Phantasie auf Reisen gehen.

Stell dir bitte vor, du befindest dich auf einer traumhaften Insel in der Südsee ...x Der Himmel ist strahlend blau ... Du spürst die leichte Meeresbrise, die dich umweht, und die Sonnenstrahlen, die dich wärmen ...x
Exotische Vogellaute dringen an dein Ohr, und hin und wieder kannst du auch einen Vogel in den Bäumen mit buntleuchtendem Gefieder entdecken ...x
Überhaupt herrscht auf dieser Insel eine wunderbare Farbenpracht. Es wachsen hier Blumen, wie du sie kaum schöner und vielfältiger gesehen hast, die einen angenehmen Duft verbreiten ...x Früchte laden dich ein, sie zu

pflücken und ihren Geschmack auf deiner Zunge zergehen zu lassen ...x
Du kannst dich hier so richtig wohl fühlen ...x
Barfuß läufst du durch den feinen warmen Sand am Strand entlang und betrachtest das saubere, klare Wasser des Meeres, Sonnenstrahlen tanzen auf der Wasseroberfläche und lassen es in den verschiedensten Blau- und Türkistönen schillern ...x

Die Menschen, die dir entgegenkommen, wirken fröhlich und gelöst – es scheint, als ob sie von einem Ort kommen, der etwas in ihnen verändert hat ...x
Und plötzlich entdeckst du einen Steg, an dem ein Boot vor Anker liegt; und eine Person, die der Kapitän zu sein scheint, winkt dich mit einer einladenden Geste zu sich heran ...x
Sie erweckt sofort dein volles Vertrauen, und ohne Zögern nimmst du das Angebot an, einmal um die Insel zu fahren ...x
Das Boot ist aus schön poliertem Holz, und man merkt, dass der Besitzer oder die Besitzerin sehr viel Liebe in seine Pflege investiert hat ...x
Obwohl du dich nun mit dem Boot auf Wasser befindest, hast du das Gefühl, hier vollkommen sicher zu sein ...x
Du spürst den Wind, wie er durch deine Haare weht, und den leicht salzigen Geschmack auf deinen Lippen ...x
Vom Meer aus kannst du die Insel aus einer anderen Perspektive betrachten und erhältst einen vollkommen neuen Überblick ...x

Wenn ihr etwa die Hälfte der Insel umfahren habt, verlangsamt sich die Fahrt des Bootes, und es bleibt schließlich stehen. Die Person, die bisher sicher das Schiff gesteuert hat, kommt auf dich zu und erzählt dir, dass es genau an dieser Stelle eine Möglichkeit gibt, dein Leben in positiver Richtung zu verändern. Du brauchst nur deine alten Glaubenssätze oder Verhaltensweisen, die dir im Leben vielleicht schon einige Probleme bereitet haben, auf ein Blatt Papier zu schreiben, es zu falten, eine Schnur darumzubinden und mit einem Stein, den du als Ballast daranhängst, über Bord zu werfen ...x
Alles, was du dazu benötigst, liegt schon für dich bereit: Zettel, Stift, Schnur und Stein – und du hast jetzt genügend Zeit, dich diesem Ritual zu widmen ...x
Und während du dies tust, umgibt dich eine fast heilige Stille ...x

Und wenn du die alten Glaubenssätze oder Verhaltensweisen, von denen du dich verabschieden willst, aufgeschrieben, den Zettel gefaltet und mit der Schnur und dem Stein zu einem kleinen Bündel verknotet hast, kommt der große Augenblick ...
Du nimmst dieses kleine Bündel und wirfst es über die Reling ins Meer ...x Und kannst beobachten, wie es langsam in die Tiefe auf den Meeresgrund sinkt ...x
Vielleicht kannst du bemerken, wie es dir plötzlich leichter ums Herz wird und wie viel freier und gelöster du jetzt atmen kannst ...x
Und du verspürst plötzlich Lust, das Steuer an Bord selbst einmal in die Hand zu nehmen. Bereitwillig tritt die Person

zur Seite und zeigt dir, wie du das Schiff wieder in Fahrt bringst …x
Zunächst musst du den Anker lösen, und dann lässt sie dich ans Ruder. Du steuerst so sicher durch das Meer, als ob du es schon jahrelang geübt hast – nur hat dich irgendeine innere Stimme bisher zurückgehalten …x
Du weißt, dass du deinen Fähigkeiten vertrauen kannst, dass dir aber auch Navigationsgeräte zur Verfügung stehen, mit denen du dich orientieren kannst …x
Der Kapitän des Bootes lobt dein Können und bestätigt dir, was du bereits fühlst: Du hast es in der Hand. Du bist die/der Meisterin/Meister deines Lebens …x
Auch als zwischendurch ein leichter Seegang aufkommt, steuerst du das Boot sicher durch die Wellen …x
Langsam kommst du dem Ausgangspunkt deiner Reise wieder näher … Mit einem Fernrohr kannst du schon den Steg erkennen, an dem das Boot angelegt war …x
Zielbewusst steuerst du auf den Ausgangspunkt deiner Reise zu, und du spürst bereits eine Veränderung in dir, wie sich dein Selbstbewusstsein gesteigert hat …x
Kurz bevor du das Schiff am Steg anlegst, macht dich der Kapitän noch einmal auf etwas aufmerksam …x
Eine Flaschenpost, auf der dein Name steht, ist ganz dicht an das Boot herangetrieben, und geschickt angelst du sie aus dem Wasser. Schon ahnst du, dass sich eine sehr positive Nachricht in der Flasche verbirgt …x Glücklich verlässt du das Schiff, das du sicher verankert hast, und springst noch vor lauter Freude ins Meer – erfrischst dich und fühlst dich wie neugeboren, als du wieder am Strand stehst …x

Der Kapitän übergibt dir deine Flaschenpost, und neugierig ziehst du den Zettel heraus, auf dem du neue positive Glaubenssätze für dich findest ...x
Du bedankst dich beim Kapitän für die Entdeckungsfahrt und winkst ihm zum Abschied noch einmal zu ...x
Und dann verabschiedest du dich von deinen inneren Bildern, atmest mit jedem Atemzug Frische und Wachheit ein und kommst in deinem Rhythmus wieder ganz zurück ins Hier und Jetzt – und weißt, dass du, wann immer du es willst, alte Glaubenssätze oder Verhaltensweisen durch neue ersetzen kannst ...x

Und dann komm in deinem Rhythmus langsam wieder zurück ins Hier und Jetzt – in diesen Raum. Du kannst dich recken und strecken; und wenn du jetzt gleich die Augen öffnest, fühlst du dich befreit und ganz wach.

Wenn Sie sich wieder ganz wach fühlen, dann nehmen Sie den Zettel oder die Karte mit Ihren neuen Glaubenssätzen oder Verhaltensweisen zur Hand und lesen sich diese noch einmal laut vor, bevor Sie sie in Ihr »Schatzbuch« eintragen.
Malen Sie nun die wichtigste Erfahrung, die Sie während der Phantasiereise gemacht haben (nehmen Sie sich dazu etwa 30 Minuten Zeit). Das kann zum Beispiel Folgendes sein: das Steuer selbst in die Hand zu nehmen, das »Alte« über Bord zu werfen oder das »Neue« aus dem Meer zu fischen.
Reflektieren Sie im Anschluss, in welchem Zusammenhang Ihnen das gemalte Bild das Loslassen erleichtern kann.

Wenn sich in der Nähe ein Gewässer befindet, können Sie diesen Prozess noch mit einem Ritual in der Natur verstärken.

ÜBUNG: EIN NATURRITUAL

Dazu benötigen Sie den Zettel, auf dem Ihre alten Glaubenssätze oder Verhaltensweisen stehen, einen Stein und eine Schnur.
Machen Sie daraus ein kleines Päckchen, wie in der Phantasiereise beschrieben, und begeben Sie sich an den Ort, an dem Sie es dem Wasser übergeben können.
Bevor Sie das Päckchen ins Wasser werfen, machen Sie sich noch mal bewusst, was Sie nun loslassen.

Ihr neuer Erfahrungsschatz

Alle positiven Erfahrungen, die Sie durch die sieben KREAMIND-Prozesse und die anderen Anregungen in diesem Buch gemacht haben, verändern Ihr Leben.
Wenn Sie Ihr »Schatzbuch« aufschlagen, finden Sie darin alle Ihre neuen Erkenntnisse. Sie wissen, wo und wie Sie Kraft tanken können, wie Sie Ihr inneres Gleichgewicht finden und über welche besonderen Talente und Fähigkeiten Sie verfügen.
Sie können Ihr »Schatzbuch« auch erweitern, indem Sie Fotos von gemalten Bildern oder von kraftspendenden Naturerleb-

nissen mit einkleben. Ebenso können Sie Bilder und Skizzen direkt hineinmalen.

Ihr »Schatzbuch« ist ein wichtiger Begleiter auf Ihrem Weg der Veränderung. Es hilft Ihnen zu erkennen, was in Ihnen liegt.

Mein eigener Weg der Veränderung

Begonnen hat mein Berufsweg im Amtlichen Bayerischen Reisebüro in München am Hauptbahnhof. 25 Jahre arbeitete ich mit großem Engagement in der Touristikbranche und habe dadurch viel von der Welt gesehen.
Immer wenn ich beruflich an einen Punkt gelangt war, an dem ich mich aus bestimmten Gründen unwohl fühlte, habe ich versucht, nach folgender weithin bekannten Weisheit zu handeln:

Gott, gib mir die Gelassenheit,
anzunehmen, was ich nicht ändern kann,
gib mir den Mut, zu ändern, was zu ändern ist,
und gib mir die Weisheit,
das eine vom anderen zu unterscheiden.

So habe ich einige Male sowohl meinen Tätigkeitsbereich als auch die Reisebüros gewechselt, um meiner Arbeit mit Freude nachgehen zu können. Die Ursachen für meine Stellenwechsel waren verschiedenster Natur. Ich war zum Beispiel nicht bereit, unter einem Chef zu arbeiten, dessen Umgangston den nötigen Respekt vermissen ließ. Das führte dazu, dass ich eine sehr gut bezahlte Stellung in einem Reisebüro, das mir von seiner ganzen Konzeption gefallen hat, bereits innerhalb der Probezeit kündigte. Aber auch die negativen Erfahrungen waren für mich wichtig, um herauszufinden, auf was ich am meisten Wert legte.

Wenn ich trotz aller Bemühungen keine Veränderung bewirken konnte, habe ich die Konsequenz gezogen und mich so lange nach einem neuen Arbeitsplatz umgesehen, bis ich den gefunden hatte, der meinen Vorstellungen entsprach.

Auch auf privater Ebene kam eine neue Herausforderung auf mich zu. Mein Mann, der gerade sein Studium beendet hatte, wurde von einer anderen Frau in den Bann gezogen. Da er sich nicht entscheiden konnte, musste ich mich entscheiden. Ich reichte schweren Herzens die Scheidung ein und begann damit, mir ein neues Leben aufzubauen.

Ich musste mich neu orientieren. Dank einer Psychotherapie, durch die ich meine inneren Verletzungen heilen und mein Selbstbewusstsein wiederherstellen konnte, war ich relativ schnell wieder fähig, meinem Leben einen neuen Inhalt zu geben.

So raffte ich mich eines Tages auf und beschloss, mir aus dem reichhaltigen Angebot der Münchner Volkshochschule ein passendes Seminar auszusuchen. Meine erste Wahl fiel auf ein Wochenende in Buchenried am Starnberger See mit dem Titel »Das Spiel der Gegensätze als Grundprinzip des Lebens«.

Als Nächstes begann ich mich für die Lehre von C. G. Jung zu interessieren und nahm an Seminaren zu Träumen und zur Traumgestaltung teil. Hier wurde der Grundstein zu meiner späteren Arbeit mit inneren Bildern gelegt. Dann erwachte mein Interesse für das Malen neu, das schon in der Kindheit eine meiner Lieblingsbeschäftigungen war. Es interessierte mich allerdings weniger die Technik als der damit verbundene Ausdruck von Gefühlen.

Irgendwann kam der Zeitpunkt, an dem ich mich für eine nebenberufliche psychologische Ausbildung zu interessieren begann. Auch dies war ein langgehegter Traum, den ich durch die Verarbeitung meiner Trennung erst einmal zurückgestellt hatte.

Durch Zufall – was natürlich keiner war, denn Zufall ist, wenn Gott inkognito mit uns spricht – fiel mir ein Prospekt in die Hände, in dem eine nebenberufliche dreijährige Ausbildung zur »Diplom-Mentaltrainerin und Psychologischen Beraterin« angeboten wurde. Es bestand die Möglichkeit, an einem Schnupperwochenende teilzunehmen, und es gab auch noch einen freien Platz dafür.

Nach diesem Wochenende war ich Feuer und Flamme, es stellten sich nur die entscheidenden Fragen: Bekomme ich Urlaub für die Ausbildungszeiten, und wie kann ich das Ganze finanzieren? Als ich diese Argumente hervorbrachte, sagte mir jemand: »Wenn du das wirklich willst, dann wirst du sowohl Urlaub als auch das Geld dafür bekommen.«

Was mir da noch ziemlich utopisch erschien, löste sich bereits in der darauffolgenden Woche. Mein Chef gestand mir sofort den Urlaub zu, und die Finanzierung konnte ich durch die Beleihung meines Bausparvertrags sichern. Seit diesem Erlebnis weiß ich, dass Zeit und Geld kein Hinderungsgrund sein darf, wenn man sich etwas wirklich von Herzen wünscht.

Die folgenden drei Jahre waren der Beginn der abenteuerlichsten Reise meines Lebens, der Reise in meine Innenwelt. Neben dem katathymen Bilderleben als Therapieform lernte ich unter anderem die Symbolik der inneren Bilder und das gezielte Einsetzen von Imaginationsübungen, Phantasiereisen und Metaphern kennen. Ich war fasziniert, welche positiven Veränderungen sich über dieses Metier eröffnen können. Fast ebenso spannend empfand ich, welchen Einfluss die Kraft der Gedanken und der inneren Einstellung auf Körper, Geist und Seele ausüben.

Als wir ein Bild unter dem Motto »Ein Haus in einer Landschaft« zunächst malen und dann im Anschluss beschreiben sollten, kam der nächste Stein ins Rollen. All die Informationen, die ich durch das Vertiefen in die Symbolik des Bildes erhielt, waren für mich stimmig und aufschlussreich. Weitere Übungen, bei denen das Malen im Vordergrund stand, übten eine derartige Faszination auf mich aus, dass ich beschloss, dieses Wissen zu vertiefen und als Nächstes ein Kunsttherapiestudium zu beginnen. Ich fand einen geeigneten Studienplatz und befasste mich die folgenden viereinhalb Jahre mit der Ausbildung zur Kunsttherapeutin.

Wenig später bekam ich Neurodermitis an den Händen, am Hals und im Gesicht. Es stellte sich heraus, dass ich auf den Farbdruck der Reiseprospekte, insbesondere der Infoblätter für Last-Minute-Angebote, allergisch reagierte. Das war zwar nicht angenehm, doch ich konnte damit leben. Dann kamen aber noch Herzbeschwerden dazu, und mein Arzt erklärte mir, dies sei zwar eine psychosomatische Reaktion auf die momentane berufliche Situation, aber ich müsse unbedingt etwas verändern, wenn ich nicht ernsthaft erkranken wollte. Da klingelten bei mir alle Alarmglocken. Meine Gesundheit be-

trachtete ich als mein allerhöchstes Gut, und ich hatte vor, noch etwas länger zu leben – zumal ich auch wieder glücklich liiert war. So kündigte ich kurzentschlossen.
Die ersten drei Monate meiner Arbeitslosigkeit, die in den Wintermonaten lag, verbrachte ich in der Hauptsache mit Schlafen und Lesen. Obwohl das mehr als ungewohnt für mich war, konnte ich dieser Zeit etwas Positives abgewinnen. Sie gab mir Raum, herauszufinden, wie mein Berufsleben weiter verlaufen sollte.
Mit Beginn des Frühlings wurden wieder neue Energien in mir wach, und damit kam ich auch zu der Erkenntnis, dass sich alles in mir sträubte, wieder in meinen alten Beruf zurückzukehren. Vielmehr stand mir der Sinn danach, mein Kunsttherapiestudium erfolgreich abzuschließen und mich auf die Prüfung zur Heilpraktikerin für Psychotherapie vorzubereiten. So verbrachte ich dank der Unterstützung meines Mannes die nächsten Jahre damit, mir sowohl theoretisches als auch praktisches Wissen anzueignen, um schließlich 1997 einen neuen Berufsstart zu wagen.
Die ersten Seminare mit dem Titel »Finde deinen Weg« fanden im Verein für Frauen in Trennung und Scheidung statt. Dieser Zielgruppe fühlte ich mich sehr nahe, da ich am eigenen Leib erfahren hatte, welchen gefühlsmäßigen Wechselduschen man in der Trennungszeit ausgesetzt ist. Zudem kannte ich aber auch die positiven Aspekte eines Neuanfangs. Mittlerweile halte ich Seminare für Jung und Alt zum Abbau von Stress, zur Entfaltung der Kreativität, zum Entdecken von Ressourcen und zum Erreichen von Zielen.
Nach Beendigung des Kunsttherapiestudiums eröffnete ich eine eigene Praxis in München-Schwabing. Sieben Jahre spä-

ter wurden mir in einem Abstand von vierzehn Tagen erst die Privatwohnung und dann die Praxisräume wegen Eigenbedarfs gekündigt. Ich hatte gerade meine neue Website fertiggestellt und Visitenkarten in Auftrag gegeben. Obwohl ich der festen Meinung war, dass irgendein Sinn dahinterliegen müsste, war ich erst mal total geschockt.
Inzwischen haben wir eine schöne helle Wohnung in Ottobrunn gefunden, in die wir nie gezogen wären, wenn ich noch meine Praxis in Schwabing hätte. So konnte ich meine Zeit diesem Buchprojekt widmen und in Ruhe nach einem neuen Praxisraum suchen. Wie schon so oft in meinem Leben hat sich etwas, was im ersten Moment als eine negative Botschaft auf mich wirkte, als glückliche Wendung herausgestellt.
Mit dem Schreiben dieses Buches, das den Zugang zu den inneren Kraftquellen eröffnen und Mut zur Veränderung machen soll, ging einer meiner Herzenswünsche in Erfüllung. Höchste Priorität hatte für mich dabei die Intention, Ihnen ein praxisnahes Wissen zu vermitteln.
Ich bin glücklich und dankbar, dass ich mich dieser neuen Aufgabe stellen durfte, und hoffe, dass die Freude und Begeisterung, die mir die Kraft für mein Vorhaben gegeben haben, auch auf Sie überspringen.

Dank

Ich danke allen Menschen, die mich auf meinem Weg der Veränderung unterstützt und das Zustandekommen dieses Buches ermöglicht haben.

Ich danke meinen spirituellen Lehrern Thich Nhat Hanh, Bruce Davis, Herbert Hoffmann, Renate McNay, durch die ich zu Achtsamkeit, Mitgefühl und tiefem Verständnis angeregt wurde.

Ich danke allen Ausbildungs- und Seminarleitern, insbesondere Anthony Robbins und Dr. Klaus Biedermann, durch die ich die Kraft und den Mut entwickelt habe, meine Ideen in die Tat umzusetzen.

Ich danke meiner Familie für ihr Verständnis, dass ich ihr in den letzten Monaten nicht so viel Zeit widmen konnte.

Ich danke meinem Mann, der mir mit Rat und Tat zur Seite stand und immer ein offenes Ohr für mich hatte.

Ich danke meiner Mutter, dass sie immer an mich geglaubt hat.

Ich danke allen Teilnehmerinnen und Teilnehmern meiner Seminare für ihre Beiträge zu diesem Buch.

Literaturhinweise

Andrews, Ted: *Die Botschaft der Krafttiere*, Verlag Bastei Lübbe

Brügger, Margret: *Lichtblicke*, Wolfgang Hager Verlag

Cooper, J. C.: *Illustriertes Lexikon der traditionellen Symbole*, Drei Lilien Verlag

Faraday, Ann: *Die positive Kraft der Träume*, Knaur Verlag

Gawain, Shakti: *Stell dir vor*, Rowohlt Verlag

Hessemer, Annelie, und Herbert A. Rausch: *Sei immer Du*, GK Verlag

Kelder, Peter: *Die Fünf Tibeter*, Integral Verlag

Masaru, Emoto: *Wasserkristalle*, Koha Verlag

Pfeiffer, Sabine: *Die Farbe in ihrer Wirkung auf den Menschen*, Edition Löwengasse

Preuschoff, Gisela: *Die heilende Kraft der Bäume*, Knaur Verlag

Riedel, Ingrid: *Formen – Tiefenpsychologische Deutung von Kreis, Kreuz, Dreieck, Quadrat, Spirale und Mandala*, Kreuz Verlag

Ryborz, Heinz: *Die helfende und heilende Kraft der Symbole*, Verlag Bastei Lübbe

Sams, Jamie, und David Carson: *Karten der Kraft – Ein schamanistisches Einweihungs-Spiel in den »Pfad der Tiere«*, Windpferd Verlag

Scheithauer, Falk, Andreas W. Friedrich und Eva Rehle: *Mit Qi Gong die Lebensenergie stärken*, Südwest Verlag

Schultz, Prof. Dr. I. H.: *Das Original-Übungsheft für das Autogene Training*, Trias-Verlag

Sogyal Rinpoche: *Das tibetische Buch vom Leben und Sterben. Ein Schlüssel zum tieferen Verständnis von Leben und Tod, mit einem Vorwort des Dalai Lama*, O.W. Barth/S. Fischer Verlag GmbH

Tietze, Henry G.: *Imagination und Symboldeutung*, Ariston Verlag

Mein genaues Seminarprogramm sowie Bildmaterial zum Buch finden Sie unter www.dorismuths.de.
Hier kann auch eine Meditations-CD bestellt werden.
Eine CD zur geführten Meditation »Achtsamkeit auf den Atem« können Sie unter www.leben-in-achtsamkeit.org bestellen.

Denise Linn

Die eigenen Wurzeln finden

Vergangenheit heilen und die Zukunft positiv gestalten

Der Schlüssel zur Persönlichkeit liegt in unserer Herkunft. Eigenschaften und Überzeugungen werden häufig von einer Generation an die nächste weitergeleitet, ohne dass die Familienmitglieder sich darüber im Klaren sind. Indem man sich mit seiner familiären Vergangenheit bewusst aussöhnt, wird man unbeschwerter und ebnet so zugleich auch den Weg für seine eigenen Nachkommen.
Denise Linn zeigt, wie man seine Wurzeln finden und sein Leben so individueller gestalten kann. Denn: Wer nach seinen Ahnen forscht, findet dabei zu sich selbst.
Mit vielen praktischen Anregungen, Tipps und Meditationen.

Knaur
MensSana